JN296309

コンクリート構造学

工学博士 中嶋　清実
博士(工学) 石川　靖晃
博士(工学) 河野伊知郎　共著
博士(工学) 菅原　　隆
博士(工学) 水越　睦視

コロナ社

序

　本書は，コンクリート構造学の鉄筋コンクリートおよびプレストレストコンクリート，ならびに構造物を設計するために必要な基礎理論を中心として記述したものである．ことに，最新のコンクリート標準示方書に準拠して記述し，基本的事項については，できるだけわかりやすく解説した．

　わが国の土木学会「コンクリート標準示方書」では，1986年の大改訂時に鉄筋コンクリートおよびプレストレストコンクリート構造の設計理論として，従来の弾性理論に基づいた「許容応力度設計法」から，構造物あるいは部材の終局時の破壊，使用時のひび割れや変形，繰返し荷重下の疲労破壊などに関する種々の限界状態を取り扱った「限界状態設計法」が採用されるに至った．従って，本書は限界状態設計法を主体にし，許容応力度設計法は必要最小限の記述とした．

　コンクリート構造物の重要度，種類，形状，寸法，等々は千差万別であるが，コンクリート構造物を扱う技術者がどのような構造物に対しても，何らの抵抗も違和感もなく，取り組むことができるためには，基礎的な理論を十分理解しておく必要がある．本書は，このような考えに重点をおいて記述したつもりである．また，一層理解を深めるために，例題を数多く掲げて説明した．

　本書は，環境都市工学系，土木系を専攻する大学生，高専生の教科書および参考書として，さらに工業高校生の参考書としても利用できるよう配慮した．

　なお，実際の構造物の設計にあたって，詳細を求められる場合には，コンクリート標準示方書，プレストレストコンクリート工法設計施工指針，道路橋示方書等を参照されたい．

　コンクリート構造技術者および今からコンクリート構造学を学ばれる人達にとって，本書がよき参考書，手引書となり，多少なりともお役に立つことができるならば誠に幸いである．

　本書は，2008年4月10日に(株)現代工学社より初版を上梓したが，出版社の都合によりその後の出版を(株)コロナ社が引き継ぐことになった．本書の継続出版が可能になったことを感謝申し上げる次第である．なお，内容に関しては(株)現代工学社から出版したものと同一であることをお断りしておく．

　最後に，本書を執筆するにあたり，内外多数の参考文献を参考にさせて頂いた．

ここに謝意を表するとともに，出版にあたって多大なご尽力を頂いた（株）コロナ社の皆様に厚く御礼申し上げる次第である．

２０１１年１月

著　者

目　　次

第1章　総　　説
1.1　コンクリート構造の意義 …………………………………… 1
1.2　コンクリート構造の長所および短所 ………………………… 2
1.3　記号・単位 …………………………………………………… 2

第2章　限界状態設計法
2.1　設計の目的 …………………………………………………… 6
2.2　設計耐用期間 ………………………………………………… 6
2.3　設計の原則 …………………………………………………… 7
2.4　特性値および修正係数 ……………………………………… 8
2.5　材料強度と荷重の設計値 …………………………………… 9
2.6　安全係数 ……………………………………………………… 9
2.7　安全性の検討 ………………………………………………… 10

第3章　材料の性質と設計値
3.1　材料強度の特性値 …………………………………………… 12
3.2　コンクリート ………………………………………………… 13
3.3　鋼　　材 ……………………………………………………… 18

第4章　断面諸量
4.1　複合材料の断面二次モーメント …………………………… 21
4.2　複合材料の中立軸（Neutral axis）の算定方法 …………… 23
4.3　全断面有効の場合とRC断面に
　　 対する中立軸および断面二次モーメント ………………… 23

第5章　RCはりの曲げ耐力機構

5.1　曲げ破壊機構を論じるうえでの仮定 …………………………… 28
5.2　曲げ破壊のパターン …………………………………………… 29
5.3　圧縮側コンクリート，引張側鉄筋
　　　どちらが先に降伏するかの判定 ……………………………… 30
5.4　引張側鉄筋が降伏するときの曲げ耐力 ……………………… 32
5.5　圧縮側コンクリートが破壊するとき
　　　（終局時）の曲げ耐力 ………………………………………… 34

第6章　鉄筋コンクリート柱

6.1　帯鉄筋柱 ………………………………………………………… 40
6.2　らせん鉄筋柱 …………………………………………………… 43

第7章　軸力と曲げを受けるRCはりの終局時の耐力機構

7.1　軸力のみを受けるRC柱の終局時の軸耐力 ………………… 48
7.2　軸力と曲げの相互作用について ……………………………… 48

第8章　RCはりのせん断耐力機構

8.1　せん断ひび割れとせん断補強 ………………………………… 56
8.2　せん断破壊の形式 ……………………………………………… 57
8.3　修正トラス理論によるRCはりのせん断耐力機構 ………… 57

第9章　使用限界状態におけるひび割れに対する検討

9.1　環境条件の区分および許容ひび割れ幅 ……………………… 65
9.2　曲げひび割れの検討 …………………………………………… 65

第10章　疲労限界状態における疲労に対する安全性の検討

10.1　安全性の検討方法 …………………………………………… 74
10.2　コンクリートの疲労強度 …………………………………… 75
10.3　鉄筋の疲労強度 ……………………………………………… 77
10.4　はりの曲げ疲労 ……………………………………………… 78
10.5　はりのせん断疲労 …………………………………………… 81

第11章　一般構造細目

11.1　鉄筋のかぶり ………………………………………………… 92
11.2　鉄筋のあき …………………………………………………… 94
11.3　鉄筋の曲げ形状 ……………………………………………… 95
11.4　鉄筋の定着 …………………………………………………… 98
11.5　鉄筋の継手 …………………………………………………… 102

第12章　プレストレストコンクリート

12.1　プレストレストコンクリートの原理 ……………………… 104
12.2　プレストレストコンクリートの分類 ……………………… 105
12.3　材　料 ………………………………………………………… 106
12.4　PC鋼材の定着方法 ………………………………………… 108
12.5　PC鋼線，PC鋼棒の引張応力の減少 ……………………… 108
12.6　設計の基本 …………………………………………………… 113
12.7　使用限界状態に対する検討 ………………………………… 114

第13章　許容応力度設計法

13.1　許容応力度設計法における仮定 …………………………… 123
13.2　コンクリートおよび鉄筋の許容応力度 …………………… 123
13.3　長方形断面 …………………………………………………… 124
13.4　T形断面 ……………………………………………………… 129

第14章　限界状態設計法による倒立T形擁壁の設計例

14.1　設計条件 ……………………………………………………… 144
14.2　使用材料および断面の仮定 ………………………………… 148
14.3　剛体の安定 …………………………………………………… 151
14.4　鉛直壁の設計 ………………………………………………… 156
14.5　フーチングの設計 …………………………………………… 165

付　　録 ……………………………………………………………… 174
引用・参考文献 ……………………………………………………… 176
索　　引 ……………………………………………………………… 177
著者略歴 ……………………………………………………………… 180

第1章 総　説

1.1 コンクリート構造の意義

　セメント，細骨材，粗骨材，水および必要に応じて混和材料を練り混ぜて作ったものがコンクリートであり，これを補強する目的でコンクリート中に埋め込んだ鋼材を鉄筋(reinforcement)という．

　コンクリートと鉄筋が一体となって外力に抵抗して働くものを鉄筋コンクリート(reinforced concrete：RC)という．コンクリートの圧縮強度は引張強度に比較して大きく(普通 $30\sim40\mathrm{N/mm^2}$)，引張強度は圧縮強度のおおよそ 1/10 程度に過ぎない．それゆえ主としてコンクリートが，外力により構造物内部に生じた圧縮応力を負担し，引張応力を鉄筋(引張強度約 $400\mathrm{N/mm^2}$)が負担する．

　また，PC 鋼材という高張力鋼材を高応力で緊張した状態で定着し，コンクリートにあらかじめ圧縮応力を与えることによって外荷重による引張応力を打ち消すようにしたものをプレストレストコンクリート(prestressed concrete：PC)という．その他，コンクリート中に鉄骨と鉄筋を埋め込んで補強したものを鉄骨鉄筋コンクリート(steel reinforced concrete：SRC)という．これらを総称してコンクリート構造と呼んでいる．

　コンクリートと鋼材とはまったく異質な材料であるから，構造材料として有効に働くのは，次の理由に基づくものである．

(1) コンクリート中に埋め込まれた鉄筋は錆びない．セメントと水の水和によって生ずる $\mathrm{Ca(OH)_2}$ がアルカリ性であるので鉄筋の錆びるのを防ぐ．

(2) 鉄筋とコンクリートとの線膨張係数がほとんど等しい．コンクリートは $9\sim13\times10^{-6}/{}^\circ\mathrm{C}$，鉄筋は $10.5\sim11.4\times10^{-6}/{}^\circ\mathrm{C}$ であり，両者は 10×10^{-6} 程度で事実上等しい．したがって，温度変化による自由な変形の場合は2次応力を生じない．

(3) コンクリートと鉄筋との間に付着が十分保証される．コンクリートと鉄筋との付着は $2\sim3\mathrm{N/mm^2}$(丸鋼)，および $3\sim6\mathrm{N/mm^2}$（異形鉄筋）である．付着が十分保証されれば両者のひずみは同一となる．

1.2 コンクリート構造の長所および短所

コンクリート構造にはすぐれた長所もあるが,反面短所もある.

(1) 長所
- ① 耐久性が大である.
- ② 耐火性が大である.(木材は約 500℃で燃焼する.)
- ③ 耐震性が大である.(耐震的に設計することが容易である.)
- ④ 幅広い構造物に利用し得る.
- ⑤ 構造物の形状寸法を自由に選ぶことができ,維持修繕費がほとんど不要である.

(2) 短所
- ① 自重が大である.(自重が大であることを利用する場合もある.)
- ② ひび割れが発生しやすい.
- ③ 施工が煩雑である.
- ④ 長い工期が必要である.
- ⑤ 改造,撤去が困難である.

1.3 記号・単位

本書で用いる記号は,土木学会コンクリート標準示方書設計編[1]に基づいている.主な記号および添字を以下に示す.

(1) 主な記号

本書では以下の記号を一般的に用いている.

1.3 記号・単位

A_c：コンクリート断面の面積

A_s：配置される鉄筋断面積または引張側鋼材の断面積

A_w：1組のせん断補強鉄筋の断面積

b：部材幅

b_w：部材腹部の幅

c：かぶり

c_{min}：最小かぶり

c_o：基本のかぶり

c_s：鋼材の中心間隔

d：有効高さ

d_{sp}：らせん鉄筋で取り囲まれているコンクリート断面の直径

E_c：コンクリートのヤング係数

E_p：PC鋼材のヤング係数

E_s：鉄筋および構造用鋼材のヤング係数

F：荷重

F_p：永久荷重

F_r：変動荷重

f：材料強度

f_b：コンクリートの曲げ強度

f'_c：コンクリートの圧縮強度

f'_{ck}：コンクリート圧縮強度の特性値,設計基準強度

f_r：疲労強度

f_t：コンクリートの引張強度

f_u：鋼材の引張強度

f_{wy}：せん断補強鋼材の降伏強度

f_y：鉄筋の引張降伏強度

f'_y：鉄筋の圧縮降伏強度

I_e：換算有効断面二次モーメント

I_g：全断面有効の断面二次モーメント

k：中立軸比

M：曲げモーメント

M_{cr}：断面にひび割れが発生する限界の曲げモーメント

M_u：曲げ耐力

N：疲労寿命または疲労荷重の等価繰返し回数

N'：軸方向圧縮力

P_e：緊張材の有効緊張力

p：引張鉄筋比

p'：圧縮鉄筋比

p_w：軸方向引張鋼材断面積（A_s）の腹部断面積に対する比率, $A_s/b_w d$

R：断面耐力

R_r：疲労耐力

S：断面力

S_e：ひび割れ幅を検討するための断面力

S_p：永久荷重による断面力

S_r：変動荷重による断面力

s：せん断補強鋼材または横方向鉄筋の配置間隔

u：鉄筋断面の周長, 載荷面の周長

u_p：スラブの押抜きせん断力に対する有効周長で,集中荷重または集中反力の載荷面周長にπdを加えたもの（ここに,dは有効高さ）

V：せん断力

V_c：せん断補強鋼材を用いない部材のせん断耐力

V_{pc}：面部材の押抜きせん断耐力

V_s：せん断補強鋼材により受持たれるせん断耐力

V_{wc}：腹部コンクリートのせん断に対する斜め圧縮破壊耐力

V_y：せん断耐力

w：ひび割れ幅

w_a：許容ひび割れ幅

z：圧縮応力の合力の位置から引張鋼材断面の図心までの距離

α_s：せん断補強鉄筋が部材軸となす角度

β_d：せん断耐力の有効高さに関する係数

β_n：せん断耐力の軸方向圧縮力に関する係数

β_p：せん断耐力の軸方向鉄筋比に関する係数

γ_a：構造解析係数

γ_b：部材係数

γ_c：コンクリートの材料係数

γ_f：荷重係数
γ_i：構造物係数
γ_m：材料係数
γ_s：鋼材の材料係数
δ：変動係数
δ_y：降伏変位
ε'_c：コンクリートの圧縮ひずみ
ε'_{cu}：コンクリートの終局圧縮ひずみ
ε'_{cs}：コンクリートの収縮ひずみ
ε'_{csd}：コンクリートの収縮およびクリープによるひび割れ幅の増加を考慮するための数値

σ'_{cp}：永久荷重によるコンクリートの圧縮応力度
σ'_n：軸方向圧縮力による平均圧縮応力度
σ_{se}：ひび割れ幅を検討するための鉄筋応力度の増加量
σ_{sp}：永久荷重による鉄筋応力度の増加量
τ：せん断力とせん断応力度
φ：コンクリートのクリープ係数
ϕ：鋼材径，ダクト直径，鉄筋の呼び径

(2) 主な記号の意味

A：断面積
b：幅
c：かぶり
d：有効高さ
E：ヤング係数
F：荷重
f：材料強度
I：断面二次モーメント
l：スパン，定着長
M：曲げモーメント
N：回数，軸方向力
P：緊張材の緊張力
p：鉄筋比
R：断面耐力
S：断面力

s：間隔
u：周長
V：せん断力
w：ひび割れ幅
x：ある点からの距離
α：部材軸とのなす角
β：せん断耐力に関する係数
γ：安全係数，リラクゼーション率
δ：変動係数，変位
ε：ひずみ
ρ：修正係数
σ：応力度
φ：クリープ係数
ϕ：径

(3) 添字の意味

a：支圧，構造解析
b：部材，釣合，曲げ
c：コンクリート，圧縮，クリープ
cr：ひび割れ
d：設計値
e：有効，換算
f：荷重
g：全断面
k：特性値
l：軸方向
m：材料，平均

n：規格値，標準，軸方向
p：プレストレス，PC鋼材，永久，押抜き
r：変動
s：鋼材，鉄筋
t：引張り，ねじり，横方向
u：終局
v：せん断
w：部材腹部
y：降伏
τ_0：付着

なお，応力度およびひずみは引張を正とし，圧縮を負とするのが一般的であるが，記号の右上に´（ダッシュ）を付けた場合には，圧縮を意味し，圧縮を正とする．

(4) 単位

本書はSI単位によって記述されているが，その主な単位を以下に示す．

力・集中荷重：N，kN
分布荷重：N/m
強度，応力，ヤング係数：N/mm^2
単位容積質量：kN/m^3
曲げモーメント：N・mm，kN・m
せん断力，軸方向力：N，kN

第2章　限界状態設計法

　昭和61年度に改訂された「土木学会コンクリート標準示方書」により，これまで設計法の主流であった許容応力度設計法による設計体系が，基本的に限界状態設計法に変更することになった．

　この限界状態設計法は，構造物が使用に際して生じてはならない各種の限界状態を想定し，それらの状態に対する安全性を照査する設計法と定義されている．その特徴は，材料や荷重などについて個々の安全係数を設けることにより，材料特性や荷重特性などに関する不確実性を合理的に設計に反映させていることである．よって，限界状態設計法はコンクリート構造物の設計法の中でも最も合理的な設計法といえる．

　本章では，この限界状態設計法の基本事項である設計の目的，原則，各種安全係数等について述べる．

2.1　設計の目的

　コンクリート構造物は一般に公共性が高く，大規模な構造物が多い．また，その供用期間が長いという特徴をもっている．よって，コンクリート構造物は，その構造物の使用目的を十分に満足するとともに，安全かつ経済的でなければならない．このためには，施工中ならびに供用期間中に構造物または部材に作用する荷重に対して適度な安全性をもち，通常の使用時に十分な機能を発揮できるように設計を行う必要がある．また，供用期間中，十分な耐久性を持たせるとともに，構造物自体の美観，周辺環境に調和したデザイン，さらに自然環境にも配慮しなければならない．

2.2　設計耐用期間

　コンクリート構造物の安全性を検討する場合，設計される構造物の設計耐用期間を設定する必要がある．コンクリート構造物の設計耐用期間は，その構造物の使用目的ならびに経済性から定められる供用期間，種々の劣化要因を持った環境条件，耐久性能，保守点検方法などを考慮して定める必要がある．

　特に，コンクリート構造物は適切な保守点検を行うことにより，延命が可能と

なることから,非常に重要な事項といえる.

2.3 設計の原則

　コンクリート構造物の設計を行う場合,構造物または部材が施工中および設計耐用期間内にその機能を果たせなくなり,設計の目的を満足できなくなる全ての限界状態について検討することを原則とする.また,施工性,維持管理および美観などについても考慮するものとする.

　検討すべき限界状態にはいくつかの状態があるが,示方書では検討方法の相違に基づいて,終局限界状態,使用限界状態および疲労限界状態の3つに区分している.

　終局限界状態は,構造物または部材が耐えうる最大耐荷能力に対応する限界状態であり,断面の破壊,剛体の不安定,耐荷能力を失うような過大な変位や変形により,本来の使用目的を果たすことができなくなるような状態である.その代表的な例を**表 2.1**に示す.

表 2.1　終局限界状態の例[1]

断面破壊の終局限界状態	構造物または部材の断面が破壊を生じる状態
剛体安定の終局限界状態	構造物の全体または一部が,一つの剛体の構造体として転倒その他により安定を失う状態
変位の終局限界状態	構造物に生じる大変位によって構造物が必要な耐荷能力を失う状態
変形の終局限界状態	塑性変形,クリープ,ひび割れ,不等沈下等の大変形によって構造物が必要な耐荷能力を失う状態
メカニズムの終局限界状態	不静定構造物がメカニズムへ移行する状態

　使用限界状態は,通常の使用性や機能確保または耐久性に関連する限界状態であり,美観あるいは機能に悪影響を及ぼす過度のひび割れを生じたり,過大な振動を生じたりする比較的軽微な不具合を生じる状態である.その代表的な例を**表 2.2**に示す.

　疲労限界状態は,繰返し荷重により疲労破壊を生ずる状態であり,コンクリート構造物または部材に繰返し荷重が作用することにより,鋼材の破断,コンクリートの圧壊,または部材の破壊を生じるなどの疲労損傷が蓄積することにより,

その機能を失う状態である．疲労限界状態は終局限界状態に含めて考える場合もあるが，疲労強度は繰返し回数によって異なるため，断面力をもととする通常の断面破壊に対する終局限界状態の検討の場合と異なった取り扱いとなること，さらに，荷重および安全係数の取り方が異なってくること，などの理由により個別に取り扱うことにする．

表 2.2 使用限界状態の例 [1]

ひび割れの使用限界状態	ひび割れにより美観を害するか，耐久性または水密性や気密性を損ねるかする状態
変形の使用限界状態	変形が構造物の正常な使用状態に対して過大となる状態
変位の使用限界状態	安定，平衡を失うまでには至らないが，正常な状態で使用するには変位が過大となる状態
損傷の使用限界状態	構造物に各種の原因による損傷が生じ，そのまま使用するのが不適当となる状態
振動の使用限界状態	振動が過大となり，正常な状態で使用できないか，不安の念を抱かせる状態
有害振動発生の使用限界状態	地盤等を通じて周辺構造物に有害振動を伝播し，不快感を抱かせる状態

2.4 特性値および修正係数

コンクリート構造物の設計を行う場合，設計に用いる値を設計値と呼び，その算定の基準となる値を特性値と呼ぶ．

コンクリート構造物は，鋼材とコンクリートで構成される．鋼材は工場で生産されているため，品質にほとんどばらつきがないが，コンクリート強度は材料の品質，施工状況，養生条件などにより，ある程度変動することは避けられない．このように，コンクリート強度は変動する要因が非常に多いので，その特性値は統計的に処理しなければならない．限界状態設計法では，この特性値は大部分の材料強度の試験値がこれを下回らないことが保証されている値と定めている．

また，鋼材や荷重のように JIS などで規格値あるいは公称値が決められているものに対しては，これらの値を特性値に変換する係数として，材料および荷重の修正係数を用いる．

2.5 材料強度と荷重の設計値

構造物の設計を行う場合，材料強度および荷重の設計値を用いる．それぞれの値は，次式により求められる．

$$材料強度の設計値 = \frac{材料強度の特性値}{材料係数}$$

$$荷重の設計値 = 荷重の特性値 \times 荷重係数$$

2.6 安全係数

設計値を算定する際，材料の品質，荷重，施工条件のばらつき，構造解析の不確実性のほか，構造物の重要度などを考慮して各種の安全係数 γ が用いられる．安全係数には，材料係数 γ_m，荷重係数 γ_f，構造解析係数 γ_a，部材係数 γ_b および構造物係数 γ_i があり，これらの係数は対象とする限界状態に応じて適切な値を用いなければならない．これらの安全係数により配慮されている内容を**表 2.3**，標準的な安全係数の値を**表 2.4** に示す．

表 2.3 安全係数により配慮されている内容 [1]

	配慮されている内容	取り扱う項目
断面耐力	1. 材料強度のばらつき 　(1) 材料実験データから判断できる部分	特性値 f_k
	(2) 材料実験データから判断できない部分（材料実験データの不足・偏り，品質管理の程度，供試体と構造物中の材料強度の差異，経時変化等による） 2. 限界状態に及ぼす影響の度合	材料係数 γ_m （コンクリート: γ_c） （鋼材: γ_s）
	3. 部材断面耐力の計算上の不確実性，部材寸法のばらつき，部材の重要度，破壊性状	部材係数 γ_b
断面力	1. 荷重のばらつき 　(1) 荷重の統計的データから判断できる部分	特性値 F_k
	(2) 荷重の統計的データから判断できない部分（荷重の統計的データの不足・偏り，耐用期間中の荷重の変化，荷重の算出方法の不確実性等による） 2. 限界状態に及ぼす影響の度合	荷重係数 γ_f
	3. 断面力等の計算時の構造解析の不確実性	構造解析係数 γ_a
構造物の重要度，限界状態に達したときの社会経済的影響等		構造物係数 γ_i

表 2.4　標準的な安全係数の値[1]

安全係数 限界係数	材料係数 γ_m		部材係数 γ_b	構造解析係数 γ_a	荷重係数 γ_f	構造物係数 γ_i
	コンクリート γ_c	鋼材 γ_s				
終局限界状態	1.3	1.0または1.05	1.1～1.3	1.0	1.0～1.2	1.0～1.2
使用限界状態	1.0	1.0	1.0	1.0	1.0	1.0
疲労限界状態	1.3	1.05	1.0～1.1	1.0	1.0	1.0～1.1

2.7　安全性の検討

　限界状態設計法では，種々の限界状態を設定し，それに対する安全性を検討する．その一例として，終局限界状態における安全性の検討手順を**図 2.1**に示す．

　まず，各種の荷重の特性値 F_k を設定する．荷重の特性値 F_k は荷重の規格値 F_n または公称値に修正係数 ρ_f を乗ずることにより求める．次に，求めた荷重の特性値 F_k に荷重係数 γ_f を乗じて設計荷重 F_d を求める．続いて，この設計荷重 F_d が構造物に載荷されたときに生ずる各部材断面に作用する断面力 $S(F_d)$ を求める．これに構造解析係数 γ_a を乗じて設計断面力 S_d を算出する．

　一方，材料強度の特性値 f_k は材料強度の規格値 f_n に修正係数 ρ_m を乗じて求め，材料の設計強度 f_d は特性値 f_k を材料係数 γ_m で除して求める．さらに材料の設計強度により断面耐力 $R(f_d)$ を計算する．次に部材の種類に応じた部材係数 γ_b で断面耐力 $R(f_d)$ を除して設計断面耐力 R_d を求める．

　このようにして得られた設計断面力 S_d の設計断面耐力 R_d に対する比，S_d/R_d に構造物係数 γ_i を乗じた値が 1.0 以下であれば安全性が確認されたことになる．

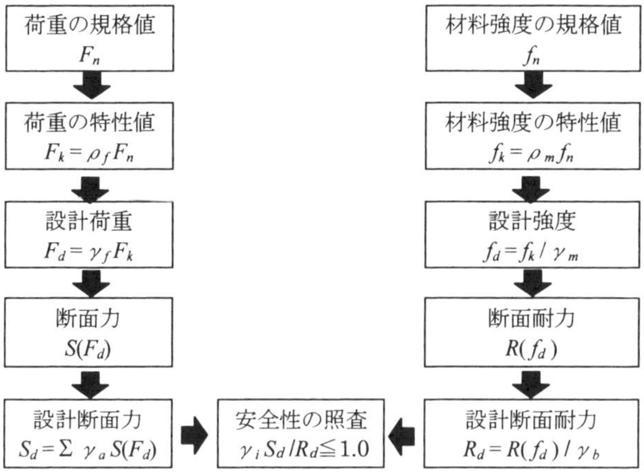

2.7 安全性の検討 11

```
┌─────────────┐              ┌─────────────┐
│ 荷重の規格値 │              │材料強度の規格値│
│     $F_n$     │              │     $f_n$     │
└──────┬──────┘              └──────┬──────┘
       ↓                            ↓
┌─────────────┐              ┌─────────────┐
│ 荷重の特性値 │              │材料強度の特性値│
│$F_k = \rho_f F_n$│          │$f_k = \rho_m f_n$│
└──────┬──────┘              └──────┬──────┘
       ↓                            ↓
┌─────────────┐              ┌─────────────┐
│  設計荷重   │              │  設計強度   │
│$F_d = \gamma_f F_k$│        │$f_d = f_k / \gamma_m$│
└──────┬──────┘              └──────┬──────┘
       ↓                            ↓
┌─────────────┐              ┌─────────────┐
│   断面力    │              │  断面耐力   │
│   $S(F_d)$    │              │   $R(f_d)$    │
└──────┬──────┘              └──────┬──────┘
       ↓                            ↓
┌─────────────┐  ┌─────────┐  ┌─────────────┐
│  設計断面力  │→│安全性の照査│←│ 設計断面耐力 │
│$S_d = \Sigma \gamma_a S(F_d)$│ │$\gamma_i S_d / R_d \leqq 1.0$│ │$R_d = R(f_d) / \gamma_b$│
└─────────────┘  └─────────┘  └─────────────┘
```

図 2.1 終局限界状態における安全性の検討手順

第3章　材料の性質と設計値

コンクリート構造物または部材に用いられるコンクリートは，使用目的，環境条件，耐用期間，施工条件等を考慮して，適切な種類および品質のものを使用する必要がある．通常のセメントを用いたコンクリートでは 18〜100N/mm² 程度の圧縮強度のものが用いられている．

コンクリート構造物に用いられる鋼材としては，鉄筋に加えて PC 鋼材および鉄骨鉄筋コンクリート構造物に用いられる構造用鋼材があり，さらに，これらを定着，接続するための鋼材等がある．これらの鋼材のほとんどが JIS に規格化されている．

構造設計を行う場合，必要に応じてコンクリートの品質は圧縮強度ばかりでなく，種々の材料特性を表す諸量によって表示される．鋼材についても，構造設計上の必要に応じて引張強度に加え，それ以外の種々の材料特性を表す諸量が用いられる．

本章では，コンクリートおよび鋼材の性質，規格について述べる．

3.1　材料強度の特性値

鉄筋コンクリートは主に圧縮を受け持つコンクリートと，主に引張を受け持つ鋼材とで構成された複合材料である．一般的に，鋼材は品質が安定しているので，引張強度にばらつきはほとんどない．一方，コンクリートの圧縮強度はセメント，骨材，練混ぜ，配合，施工，環境等の条件により変動することから，その特性値は統計的に定める必要がある．

ここで，コンクリートの圧縮強度を例にとって考えてみる．全ての条件を同一に設定してコンクリートの圧縮試験を実施した場合でも，得られる試験値にはばらつきが生じる．そのばらつきの分布形状は図 3.1 に示すような正規分布とみなすことができる．よって，コンクリートの圧縮強度の特性値 f_k は式(3.1)により求められる．ここで求められた特性値 f_k を設計において基準とするコンクリートの設計基準強度 f'_{ck} とする．

$$f_k = f_m - k\sigma = f_m(1 - k\delta) \tag{3.1}$$

ここに, f_m : 試験値の平均値
　　　　σ : 試験値の標準偏差
　　　　δ : 試験値の変動係数
　　　　k : 係数

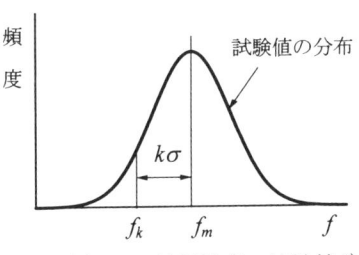

図 3.1　材料強度の特性値 [1]

　係数 k は, 特性値 f_k より小さい試験値が得られる確率に関係する係数であり, その確率を5%とすると, 係数 k は 1.64 となる.
　一方, 鋼材の場合は, その品質にばらつきがほとんど生じないものと見なせることから, 材料強度の特性値 f_k は材料強度の規格値 f_n に材料修正係数 ρ_m を乗じた式(3.2)により求められる.

$$f_k = \rho_m f_n \tag{3.2}$$

ここに, ρ_m : 材料修正係数
　　　　f_n : 材料強度の規格値

3.2　コンクリート

(1) 強　度

　コンクリートは適切な養生が行われた場合, その強度は材齢の経過とともに増加する. 一般の構造物では, 標準養生を行ったコンクリート供試体の材齢 28 日における圧縮強度以上となることが期待できる. したがって, コンクリート強度の特性値は, 一般の構造物に対して標準養生を行ったコンクリート標準供試体の材齢 28 日における試験強度に基づいて定めることを原則としている.
　しかし, ダムなどの大型構造物に用いるマスコンクリートのように強度発現の遅い低発熱型セメントを用いたり, 打設後かなり長い期間を経過した後に設計荷重を受ける場合は, 材齢 91 日の圧縮強度を基準とすることもある.
　また, 工場製品におけるコンクリートのように強度発現の早いセメントを用い

たり，促進養生を行う場合では強度発現が早くなることから，材齢 14 日あるいはそれ以前の試験強度から定めることもある．

　コンクリートの圧縮，曲げ，引張り，付着および支圧に対する設計強度は，それぞれの特性値をコンクリートの材料係数 γ_c で除した値とする．

　ここで，コンクリートの引張強度，付着強度および支圧強度の特性値は適切な試験により求めた試験強度に基づいて定めるが，試験強度が得られない場合には，一般の普通コンクリートについては，圧縮強度の特性値 f'_{ck}（設計基準強度）に基づいて，以下の式(3.3)～(3.5)に従って設計強度を求めてよい．

引張強度　　　$f_{tk} = 0.23 f'^{2/3}_{ck}$　　　　　　　　　　　　　(3.3)

付着強度　　　JIS G 3112 の規定を満足する異形鉄筋について，

$$f_{bok} = 0.28 f'^{2/3}_{ck} \quad (3.4)$$

　　　　　　　ただし，$f_{bok} \leqq 4.2 \text{ N/mm}^2$

　　　　　　　普通丸鋼の場合は，異形鉄筋の場合の 40% とする．
　　　　　　　ただし，鉄筋端部に半円形フックを設けるもとのする．

支圧強度　　　$f'_{ak} = \eta\ f'_{ck}$　　　　　　　　　　　　　　(3.5)

　　　　　　　ただし，$\eta = \sqrt{A/A_a} \leqq 2$
　　　　　　　ここに，A：コンクリート面の支圧分布面積
　　　　　　　　　　　A_a：支圧を受ける面積

(2) 応力-ひずみ曲線，ヤング係数およびポアソン比

　コンクリートの応力-ひずみ曲線は，検討の目的に応じて適切な形を仮定しなければならない．曲げモーメントおよび曲げモーメントと軸方向力を受ける部材の断面破壊の終局限界状態に対する検討の場合，**図 3.2** に示すコンクリートのモデル化された応力-ひずみ曲線を用いてよい．これを数式で表すと式(3.6)，式(3.7)のようになる．

3.2 コンクリート

$$k_1 = 1 - 0.003 f'_{ck} \leqq 0.85$$

$$\varepsilon'_{cu} = \frac{155 - f'_{ck}}{30000}$$

$$0.0025 \leqq \varepsilon'_{cu} \leqq 0.0035$$

ここで，f'_{ck} の単位は N/mm²

$\varepsilon'_c \leqq 0.002 \qquad \sigma'_c = k_1 f'_{cd} \dfrac{\varepsilon'_c}{0.002}\left(2 - \dfrac{\varepsilon'_c}{0.002}\right)$ \hfill (3.6)

$0.002 \leqq \varepsilon'_c \leqq \varepsilon'_{cu} \qquad \sigma'_c = k_1 f'_{cd}$ \hfill (3.7)

ここに，　σ'_c：圧縮強度（単位：N/mm²）

　　　　　ε'_c：圧縮ひずみ

　　　　　k_1：係数（一般に 0.85）

　　　　　ε'_{cu}：終局圧縮ひずみ

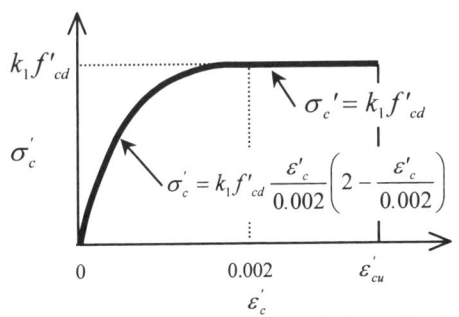

図 3.2　コンクリートのモデル化された応力-ひずみ曲線 [1)]

　コンクリートのヤング係数は，原則として，JIS A 1149「コンクリートの静弾性係数試験法」によって求めるものとする．圧縮強度試験を行い，応力-ひずみ曲線を求め，圧縮強度の 1/3 の点と原点とを結ぶ割線弾性係数の試験値の平均値とする．しかし，**図 3.2** に示すモデル化された応力-ひずみ曲線は直線ではないので，一般にヤング係数の値は圧縮強度の 1/3 に対応する点とひずみが 50×10^{-6} の点を結ぶ割線弾性係数をとっている．標準的なコンクリートのヤング係数の値を**表 3.1** に示す．

コンクリートのポアソン比（縦ひずみに対する横ひずみの比）は，弾性範囲内で一般に 0.2 としてよい．ただし，引張りを受け，ひび割れを許容する場合には 0 とする．

表 3.1 コンクリートのヤング係数 [1]

f'_{ck} (N/mm²)		18	24	30	40	50	60	70	80
E_c (kN/mm²)	普通コンクリート	22	25	28	31	33	35	37	38
	軽量骨材コンクリート*	13	15	16	19	—	—	—	—

* 骨材の全部を軽量骨材とした場合

(3) 熱特性

コンクリートの熱特性は，一般に体積の大部分を占める骨材の特性によって大きく影響され，また，同一配合のコンクリートでも，その含水状態や温度によってかなりの幅で変動する．そこで，コンクリートの熱特性は実験あるいは既往のデータに基づくことを原則としている．なお，普通コンクリートの場合には**表 3.2**の値を用いることができる．また，熱膨張係数は一般に 10×10^{-6}/℃ としてよい．

表 3.2 コンクリートの熱特性 [1]

熱伝導率	比熱	熱拡散率
9.2 kJ/mh℃	1.05 kJ/kg℃	0.003 m²/h

(4) 収 縮

コンクリートの収縮は，乾燥収縮，自己収縮，炭酸化収縮を含み，構造物の周辺の温度や湿度，部材断面の形状や寸法，コンクリートの配合のほか，骨材の性質，セメントの種類，コンクリートの締固め，養生条件等の種々の要因によって影響を受ける．したがって，示方書では，これらの要因を考慮してコンクリートの収縮ひずみを**表 3.3**のように定めている．

表 3.3 コンクリートの収縮ひずみ（×10⁻⁶）[1]

環境条件	コンクリートの材齢*				
	3日以内	4〜7日	28日	3か月	1年
屋外	400	350	230	200	120
屋内	730	620	380	260	130

*設計で収縮を考慮するときの乾燥開始材齢

(5) クリープ特性

コンクリートのクリープとは，一定の持続荷重が作用するとき，時間の経過とともにコンクリートのひずみが増大する現象である．

コンクリートのクリープに影響する要因は乾燥収縮と同様に，構造物の周辺の温度や湿度，部材断面の形状や寸法，コンクリートの配合，骨材の性質，セメントの性質，締固め，養生条件等である．したがって，設計に用いるクリープ係数（弾性ひずみに対するクリープひずみの比）はこれらの要因を考慮して定めるべきである．しかし，これらの全ての要因を考慮することは煩雑となることから，コンクリートのクリープひずみは，作用する応力による弾性ひずみに比例するとして，一般に式(3.8)により求める．クリープ係数は一般に表 3.4 に示す値を用いる．

$$\varepsilon'_{cc} = \frac{\varphi \sigma'_{cp}}{E_{ct}} \tag{3.8}$$

ここで，ε'_{cc}：コンクリートの圧縮クリープひずみ
φ：クリープ係数
σ'_{cp}：作用する圧縮応力度
E_{ct}：載荷時材齢のヤング係数

表 3.4 普通コンクリートのクリープ係数（無筋コンクリート）[1]

環境条件	プレストレスを与えたときまたは載荷するときのコンクリートの材齢				
	4〜7日	14日	28日	3か月	1年
屋外	2.7	1.7	1.5	1.3	1.1
屋内	2.4	1.7	1.5	1.3	1.1

3.3 鋼材

(1) 種類および寸法

鉄筋コンクリートに使用する鋼材のことを鉄筋コンクリート用棒鋼と言うが，通称，鉄筋と呼ばれている．

鉄筋はその表面形状によって普通丸鋼（JIS記号 "SR"）と異形棒鋼（JIS記号 "SD"）とに分類される．普通丸鋼はその表面が平滑であるのに対し，異形棒鋼はコンクリートとの付着を高めるために表面に突起を設けている．図 3.3 にその表面形状の一例を示す．図からもわかるように，異形棒鋼の表面には凹凸があるため，その直径を正確に測定することは不可能である．よって，公称周長を定めて逆算により直径を定めている．

また，鉄筋は JIS G 3112 に規定されているように熱間圧延工程により製造されたものを使用するが，JIS G 3117 に適合する鉄廃材などを熔解して鉄筋として再生した再生棒鋼も使用可能であり，再生丸鋼（JIS記号"SRR"）と再生異形棒鋼（JIS記号"SDR"）と呼ばれている．表 3.5 に鉄筋コンクリート用棒鋼の種類と機械的性質を示す．

なお，市販されている異形棒鋼の標準長さは，3.5〜7.0m まで 0.5m きざみ，7〜12m まで，1m きざみとなっている．

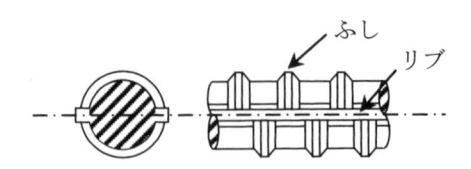

図 3.3 異形鉄筋の表面形状の一例[1]

表 3.5 鉄筋コンクリート用棒鋼の種類と機械的性質（JIS G 3112）[1]

種類の記号	SR235	SR295	SD295A	SD295B	SD345	SD390	SD490
降伏点または0.2%耐力(N/mm²)	235以上	295以上	295以上	295〜390	345〜440	390〜510	490〜625
引張強度(N/mm²)	380〜520	440〜600	440〜600	440以上	490以上	560以上	620以上
伸び (%) *	20以上 / 24以上	18以上 / 20以上	16以上 / 18以上	16以上 / 18以上	18以上 / 20以上	16以上 / 18以上	12以上 / 14以上

* 上段 SR では試験片 2 号, SD では 2 号に準じるもの．下段 SR では試験片 3 号, SD では 3 号に準じるもの．

(2) 強　度

鋼材の引張降伏強度の特性値 f_{yk} および引張強度の特性値 f_{uk} は, JIS Z 2241「金属材料引張試験方法」によるそれぞれの強度に基づいて定められるが, JIS 規格に適合するものは f_{yk} および f_{uk} を JIS 規格値の下限値としてよい．また, 設計に用いる鋼材の断面積は, 一般に公称断面積としてよい．鋼材は圧縮強度と引張強度がほぼ等しいので, 設計に用いる鋼材の圧縮降伏強度の特性値 f'_{yk} はその引張降伏強度の特性値 f_{yk} に等しいものとしてよい．

(3) 応力-ひずみ曲線，ヤング係数およびポアソン比

鋼材の応力-ひずみ曲線もコンクリートの応力-ひずみ曲線と同様に, コンクリート構造物の力学的挙動に大きな影響を及ぼす．よって, 検討の目的に応じて適切な形を仮定しなければならない．終局限界状態の検討においては, 一般に図 3.4 に示した鋼材のモデル化された応力-ひずみ曲線を用いてよい．

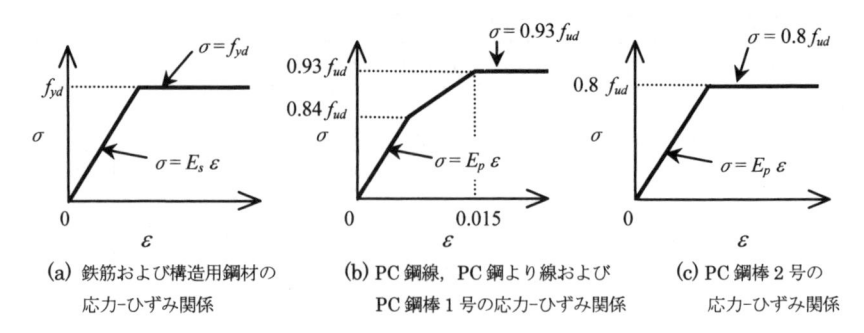

図 3.4 鋼材のモデル化された応力-ひずみ曲線 [1]

鋼材のヤング係数は，JIS Z 2241「金属材料引張試験方法」によって引張試験を行い，その試験結果に基づいて定めることを原則としている．一般に鋼材（鉄筋，構造鋼材，PC 鋼材）のヤング係数は 200kN/mm^2，ポアソン比は 0.3，熱膨張係数は $10×10^{-6}$/℃ としてよい．

第4章　断面諸量

はりの弾性理論を用いて複合材料で構成される断面の重心位置や断面二次モーメントを算定する．なお，ここでは，複合材料とは，コンクリート(concrete)と鋼材(steel)との複合材料(composite material)を指すものとする．

はりの弾性理論においては，通常以下の3つの仮定を用いる．

1) 平面保持の仮定

図 4.1 のようにはりに直線を引き，荷重を作用させた場合，端部において直線は歪むが，全ての断面において直線が保たれると仮定する．すなわち，断面は変形後も平面を保つと仮定する．

2) 応力ひずみは一次元弾性とする仮定

はりの長手方向のみについて応力－ひずみ関係を与えると仮定する．

3) 完全付着の仮定

鋼材(鉄筋)とコンクリートは完全に付着している．すなわち，同じはり高さ位置では，コンクリートと鋼材近傍のひずみは同一であるとする．

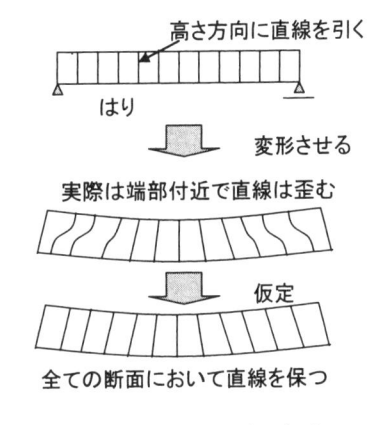

図 4.1　平面保持の仮定

4.1　複合材料の断面二次モーメント

図 4.2 に示すように一様な曲げモーメントを受ける RC はり（reinforced concrete beam）について考える．このとき，曲げモーメント M は次式で与えられる．

$$M = \int_{A_C} \sigma_C y dA_C + \int_{A_S} \sigma_S y dA_S \tag{4.1}$$

ここで，σ_C および σ_S は，それぞれコンクリートおよび鉄筋に生じる応力であり，A_C および A_S は，それぞれコンクリートおよび鉄筋の断面積である．応力－ひず

み関係は一次元であるという仮定と，コンクリートと鉄筋は完全に付着しているという仮定から，断面内の任意の点で

$$\sigma_C = E_C \varepsilon$$
$$\sigma_S = E_S \varepsilon$$
(4.2)

が成立する．ただし，ε は断面内の任意点におけるひずみであり，E_C および E_S はそれぞれコンクリートおよび鉄筋のヤング係数(young's modulus)である．

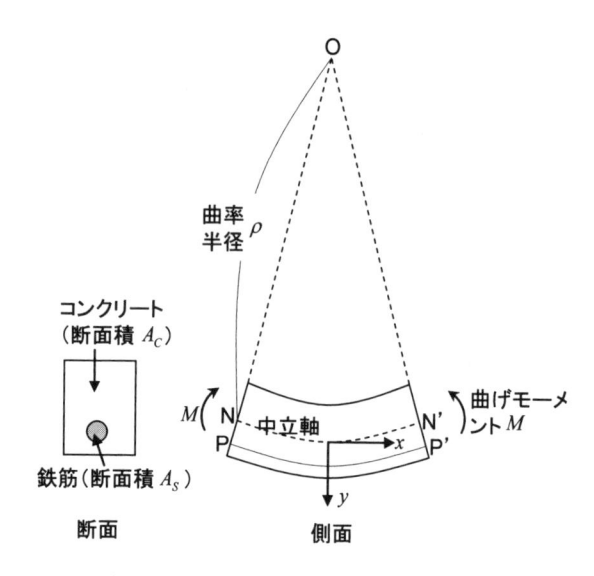

図 4.2 一様な曲げを受ける RC はり

断面内の任意点のひずみ ε は，はりの曲率半径 ρ および y 座標を用いて

$$\varepsilon = \frac{y}{\rho} \qquad (4.3)$$

と表すことができる．
式(4.2)，式(4.3)を式(4.1)に代入すると

$$M = \int_{A_C} E_C \frac{y}{\rho} \cdot y dA_C + \int_{A_S} E_S \frac{y}{\rho} \cdot y dA_S = \left[E_C \int_{A_C} y^2 dA_C + E_S \int_{A_S} y^2 dA_S \right] \frac{1}{\rho} \qquad (4.4)$$

となる．$I_C = \int_{A_C} y^2 dA_C$，$I_S = \int_{A_S} y^2 dA_S$ とおき，さらに，はりの曲率(curvature) ϕ を用いて式(4.4)を書き換えると次式となる．

$$M = (E_C I_C + E_S I_S) \phi \qquad (4.5)$$

断面全体の曲げ剛性を EI とすると

$$EI = E_C I_C + E_S I_S = E_C \left(I_C + \frac{E_S}{E_C} I_S \right) = E_C \left(I_C + n I_S \right) \tag{4.6}$$

となる．ただし，$n = E_S / E_C$ である．n はヤング係数比(young's modulus ratio)と呼ばれる．以上のことから，複合材料の場合には，コンクリートを基準に断面二次モーメントを計算するが，鉄筋については断面二次モーメントを n 倍しなければならないことがわかる．

4.2 複合材料の中立軸(Neutral axis)の算定方法

前述の"複合材料の断面二次モーメント"で用いた RC はりで考える．軸力は作用していないので，力の釣り合いより次式が得られる．

$$\int_{A_C} \sigma_C dA_C + \int_{A_S} \sigma_S dA_S = 0 \tag{4.7}$$

式(4.7)に，式(4.2)(4.3)を代入すると

$$\int_{A_C} E_C \frac{y}{\rho} dA_C + \int_{A_S} E_S \frac{y}{\rho} dA_S = 0 \tag{4.8}$$

となる．$G_C = \int_{A_C} y dA_C$，$G_S = \int_{A_S} y dA_S$ とおき，$n = E_S / E_C$ を用いて式(4.8)を書き換えると

$$E_C \frac{1}{\rho} \left[G_C + n G_S \right] = 0 \tag{4.9}$$

となる．$1/\rho$ は任意であるから，結局，

$$G_C + n G_S = 0 \tag{4.10}$$

が得られる．式(4.10)より，鉄筋の断面一次モーメントを n 倍すれば，後は単一材料と同様な方法で中立軸を得ることができる．

4.3 全断面有効の場合と RC 断面に対する中立軸および断面二次モーメント

鉄筋コンクリートにおいて上述の考え方を用いて中立軸位置や断面二次モーメントを算定する場合，二通りの考え方が

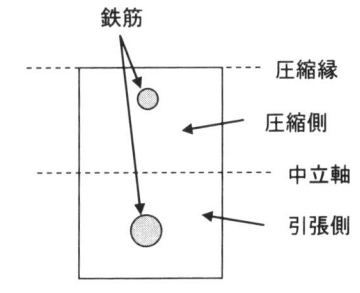

図 4.3 RC 断面における圧縮側および引張側の考え方

ある．一つは全断面有効として断面諸量を求める考え方である．これは，**図4.3**に示すようなRC断面において，コンクリートは圧縮引張とも弾性体として取り扱う考え方である．すなわち，全断面を対象として断面諸量を取り扱うことを意味している．

もう一つの考え方は，引張側のコンクリート応力を完全に無視して断面諸量を求める考え方である．言い換えれば，引張側コンクリート部分の断面は存在しないものとして断面諸量を取り扱うことを意味している．使用限界状態においてRC断面を照査する際には，通常後者が採用される．そのため後者の考え方を本書ではRC断面と称することにする．

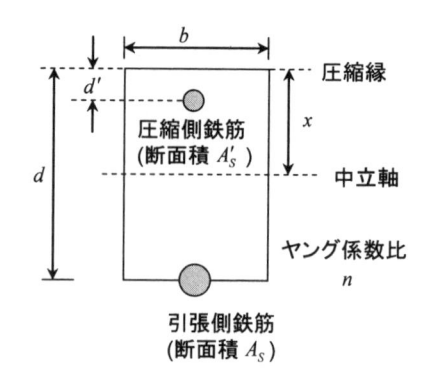

図4.4 計算対象のRC断面

以下に，**図4.4**に示す長方形断面について，全断面有効およびRC断面の2種類の方法で中立軸の位置および中立軸回りのコンクリートに換算した断面二次モーメントの計算例を示す．

1) 全断面有効の場合

中立軸回りのコンクリートの断面一次モーメントG_cは以下のようになる．

$$G_c = bd\left(\frac{d}{2} - x\right) \tag{4.11}$$

一方，中立軸回りの鉄筋の断面一次モーメントG_sは次式となる．

$$G_s = A_s(d-x) + A'_s(d'-x) \tag{4.12}$$

式(4.11)(4.12)を式(4.10)に代入して整理すると次式を得る．

$$x = \frac{\frac{1}{2}bd^2 + nA_s d + nA'_s d'}{bd + nA_s + nA'_s} \tag{4.13}$$

このとき，中立軸回りのコンクリートに換算した断面二次モーメントI_eは次式となる．

4.3 全断面有効の場合とRC断面に対する中立軸および断面二次モーメント

$$I_e = \frac{1}{12}bd^3 + bd\left(\frac{d}{2} - x\right)^2 + n\left[A_s(d-x)^2 + A'_s(d'-x)^2\right] \tag{4.14}$$

通常においては，鉄筋重心回りの鉄筋の断面二次モーメントは，他の断面二次モーメントに比べ極めて小さくなるため，式(4.14)において，鉄筋重心回りの鉄筋の断面二次モーメントは無視している．

2) RC断面の場合

中立軸回りのコンクリートの断面一次モーメント G_C は以下のようになる．

$$G_C = bx\left(-\frac{x}{2}\right) \tag{4.15}$$

一方，中立軸回りの鉄筋の断面一次モーメント G_S は次式となる．

$$G_S = A_s(d-x) + A'_s(d'-x) \tag{4.16}$$

式(4.15)(4.16)を式(4.10)に代入して整理すると

$$bx^2 + 2n(A_s + A'_s)x - 2n(A_s d + A'_s d') = 0 \tag{4.17}$$

となる． $x > 0$ として，式(4.17)を解くと次式が得られる．

$$x = \frac{-n(A_s + A'_s) + \sqrt{n^2(A_s + A'_s)^2 + 2nb(A_s d + A'_s d')}}{b} \tag{4.18}$$

このとき，中立軸回りのコンクリートに換算した断面二次モーメント I_e は次式となる．

$$I_e = \frac{1}{3}bx^3 + n\left[A_s(d-x)^2 + A'_s(d'-x)^2\right] \tag{4.19}$$

例題 4.1 下記の 2 つの RC 断面の中立軸の位置および中立軸回りのコンクリートに換算した断面二次モーメントを計算する．ヤング係数比は 10 とする．計算は全断面有効と RC 断面の二通り行う．

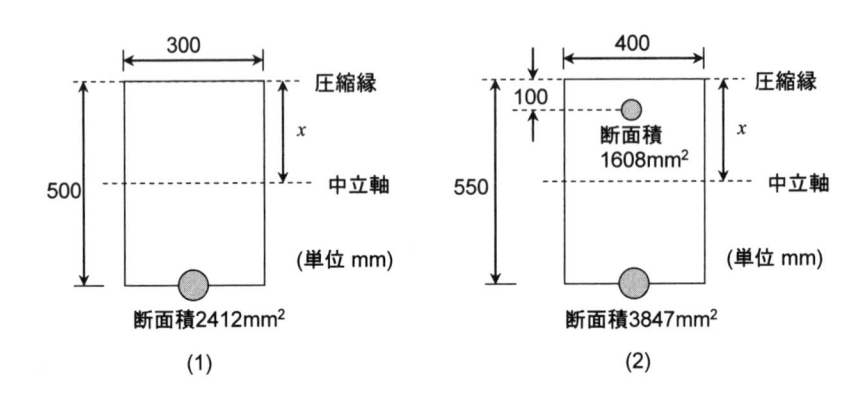

[(1)の断面の解答]

$A_s = 2412$ mm^2, $A'_s = 0$ mm^2, $b = 300$ mm, $d = 500$ mm, $n = 10$

i) 全断面有効の場合

中立軸までの距離 x は

$$x = \frac{\frac{1}{2}bd^2 + nA_s d + nA'_s d'}{bd + nA_s + nA'_s} = 285 \text{ mm}$$

中立軸回りのコンクリートに換算した断面二次モーメント I_e は

$$I_e = \frac{1}{12}bd^3 + bd\left(\frac{d}{2} - x\right)^2 + n\left[A_s(d-x)^2 + A'_s(d'-x)^2\right] = 4.42 \times 10^9 \text{ mm}^4$$

ii) RC 断面の場合

中立軸までの距離 x は

4.3　全断面有効の場合と RC 断面に対する中立軸および断面二次モーメント　27

$$x = \frac{-n(A_s + A'_s) + \sqrt{n^2(A_s + A'_s)^2 + 2nb(A_s d + A'_s d')}}{b} = 214 \text{ mm}$$

中立軸回りのコンクリートに換算した断面二次モーメント I_e は

$$I_e = \frac{1}{3}bx^3 + n\left[A_s(d-x)^2 + A'_s(d'-x)^2\right] = 2.95 \times 10^9 \text{ mm}^4$$

〔(2)の断面の解答〕

$A_s = 3847 \text{ mm}^2$, $A'_s = 1608 \text{ mm}^2$, $b = 400 \text{ mm}$, $d = 550 \text{ mm}$, $d' = 100 \text{ mm}$, $n = 10$

i) 全断面有効の場合

中立軸までの距離 x は

$$x = \frac{\frac{1}{2}bd^2 + nA_s d + nA'_s d'}{bd + nA_s + nA'_s} = 303 \text{ mm}$$

中立軸回りのコンクリートに換算した断面二次モーメント I_e は

$$I_e = \frac{1}{12}bd^3 + bd\left(\frac{d}{2} - x\right)^2 + n\left[A_s(d-x)^2 + A'_s(d'-x)^2\right] = 8.73 \times 10^9 \text{ mm}^4$$

ii) RC 断面の場合

中立軸までの距離 x は

$$x = \frac{-n(A_s + A'_s) + \sqrt{n^2(A_s + A'_s)^2 + 2nb(A_s d + A'_s d')}}{b} = 228 \text{mm}$$

中立軸回りのコンクリートに換算した断面二次モーメント I_e は

$$I_e = \frac{1}{3}bx^3 + n\left[A_s(d-x)^2 + A'_s(d'-x)^2\right] = 6.72 \times 10^9 \text{ mm}^4$$

第5章　RCはりの曲げ耐力機構

5.1 曲げ破壊機構を論じるうえでの仮定

本章では曲げ破壊機構について述べるが，その際下記の仮定を設ける．
1) 平面保持の仮定
2) コンクリートと鉄筋は完全に付着している
3) 応力ひずみ関係は一次元的である．

これら3つの仮定の内，最初の2つは4章で述べたものと全く同様であるが，最後の"応力ひずみ関係は一次元的である"という仮定においては一見4章の仮定と同様に見えるが，本章においては，コンクリート，鉄筋は共に線形弾性であるとは仮定されず，図5.1のような一軸の応力－ひずみ関係が仮定される．

コンクリートの応力ひずみ関係は圧縮域および引張域とでは異なる．引張域においては引張強度(tensile strength) f_t まではヤング係数(young's modulus) E_c の傾きで直線的に応力ひずみ関係は記述され，その後は，ひずみの増加と共に急激に応力は低下すると仮定される．圧縮域においては応力レベルが小さいときはヤング係数の傾きで直線的に応力ひずみ関係は記述されるが，ひずみレベルが大きくなるにつれて応力とひずみにおける線形関係が成立しなくなり，圧縮強度(compressive strength) f'_c 以降はひずみの増加と共に応力は緩やかに低下し，終局ひずみ(ultimate strain) ε'_{cu} に達したときコンクリートは圧縮破壊すると仮定される．

鉄筋については，座屈することを考慮しなければ，応力ひずみ関係は圧縮側および引張側ではほぼ同様になる．圧縮域，引

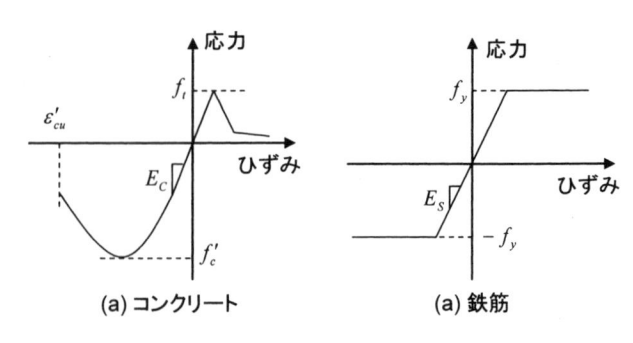

(a) コンクリート　　(a) 鉄筋

図5.1　一軸応力状態における応力ひずみ関係

張域共に降伏強度 f_y までは応力-ひずみ関係はヤング係数 E_s の傾きで直線的に表されると仮定する．降伏強度以降はひずみの大きさに係らず応力は降伏強度を保つ(完全弾塑性)と仮定される．

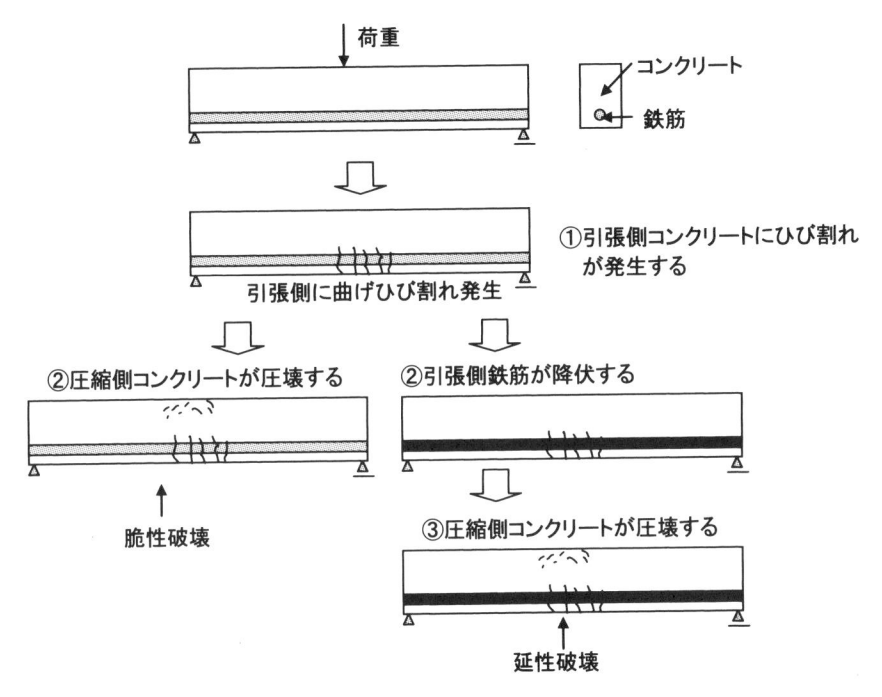

図 5.2 RC はりの曲げ破壊の順序

5.2 曲げ破壊のパターン

曲げ破壊のパターンを模式的に表したものを図 5.2 に示す．まず，第一段階として引張側コンクリートが破壊する．その後，曲げ破壊は 3 つのパターンに分類される．1 つは，続いて圧縮側コンクリートが先に圧壊するパターンである．この場合の破壊状態は脆性破壊(brittle failure)となり，構造設計上避けなければならない．2 つ目は，続いて引張側鉄筋が先に降伏し，その後圧縮側コンクリートが

圧壊するパターンである．この場合の破壊状態は延性破壊(ductile failure)となる．延性破壊は急激な破壊とはならないため，構造設計上は，こちらの破壊パターンとなるように設計される必要がある．3つ目は，圧縮コンクリートの圧壊と引張側鉄筋が同時に降伏する破壊形態である．この破壊形態は釣合い破壊(balanced failure)と呼ばれる．これら3つのパターンは軸鉄筋の量で決定されるが，このことについては次節で述べる．

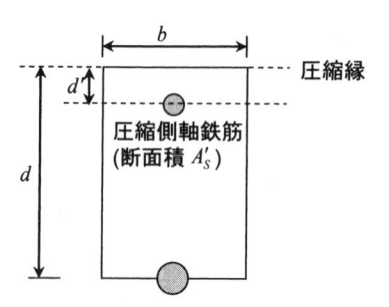

5.3 圧縮側コンクリート，引張側鉄筋どちらが先に降伏するかの判定

図5.3のような長方形RC断面において，まず，圧縮側コンクリートの圧壊および引張側鉄筋の降伏が同時に生じる場合(釣合い破壊時)を考える．このとき，ひずみ分布は図5.4のようになる．よって相似則から

$$x = \frac{d \cdot \varepsilon'_{cu}}{\varepsilon'_{cu} + f_y/E_S} \quad (5.1)$$

が得られる．ゆえに，圧縮側鉄筋のひずみ ε_s は次式で得られる．

$$\varepsilon_s = \frac{x - d'}{x} \varepsilon'_{cu} \quad (5.2)$$

今，$\varepsilon_s > f_y/E_S$ と仮定する．すなわち，圧縮側鉄筋は降伏していると

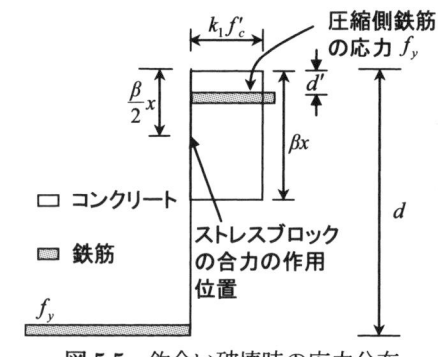

図5.3 複鉄筋長方形断面

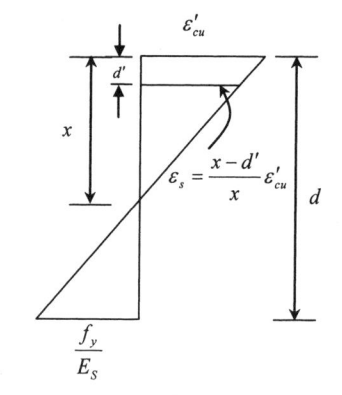

図5.4 釣合い破壊時のひずみ分布

図5.5 釣合い破壊時の応力分布

仮定する．実際の断面の形状および ε'_{cu}, f_y の値の範囲内においては，この仮定はほぼ満たされる．よって，この仮定は現実的な問題に対しては有効であるといえる．このとき，応力分布は図 5.5 のようになる．このときの応力分布は，簡略化したもので考える．すなわち，実際には，圧縮側コンクリートは曲線分布しているが，それを長方形の応力分布(ストレスブロック)で近似する．ストレスブロック中の k_1, β は実験定数である．

このとき，圧縮側コンクリートの合力 C'_C は
$$C'_C = \beta k_1 b f'_c x \tag{5.3}$$
であり，圧縮側鉄筋の合力 C'_S は
$$C'_S = A'_S f_y \tag{5.4}$$
となる．一方，引張側鉄筋の合力 T_S は
$$T_S = A_S f_y \tag{5.5}$$
となる．また，力の釣り合い条件より
$$C'_C + C'_S = T_S \tag{5.6}$$
である．式(5.6)に式(5.3)〜(5.5)を代入すると次式となる．
$$x = \frac{(A_S - A'_S) f_y}{\beta k_1 b f'_c} \tag{5.7}$$

式(5.1)と式(5.7)は常に一致する必要があるので，両式より x を消去し，さらに引張側鉄筋比 $p = A_S / (bd)$, 圧縮側鉄筋比 $p' = A'_S / (bd)$ を用いると次式が得られる．
$$p - p' = p_b \quad \left(p_b = \frac{\beta k_1 f'_c \varepsilon'_{cu}}{f_y (\varepsilon'_{cu} + f_y / E_S)} \right) \tag{5.8}$$

p_b は釣り合い鉄筋比と呼ばれる．よって，以下のことが言える．

1) $p - p' < p_b$ のとき(under-reinforcement)
   ・引張側鉄筋の降伏が先行する　・構造設計上望ましい
2) $p - p' = p_b$ のとき(balanced-reinforcement)
   ・引張側鉄筋の降伏と圧縮側コンクリートの破壊（圧壊）が同時に生じる

3) $p - p' > p_b$ のとき(over-reinforcement)
 ・圧縮側コンクリートの圧壊が先行する
 ・急激な破壊(脆性破壊)となるため，設計上避ける必要がある

以降は，$p - p' < p_b$ であることを前提として話を進めることにする．

5.4 引張側鉄筋が降伏するときの曲げ耐力

前述の長方形断面において引張側鉄筋が降伏したときを考える．この時点においては，引張側コンクリートは既に破壊している．よって，引張側応力分布はほとんど無視できるくらい小さいので，これを無視すると仮定する．一方，この時点では，圧縮側コンクリートは破壊していないので，圧縮側コンクリートは依然として弾性体であると仮定する．これらの仮定より，ひずみ分布は図 5.6 のようになる．

圧縮側鉄筋のひずみ ε'_s は相似則より次式で表される．

$$\varepsilon'_s = \frac{x - d'}{d - x} \cdot \frac{f_y}{E_s} \tag{5.9}$$

いま，$\dfrac{x - d'}{d - x} \geq 1$ であると仮定する．すなわち，圧縮側鉄筋は降伏していると仮定する．このとき応力分布は図 5.7 のようになる．このとき圧縮側コンクリートの合力 C'_C は

$$C'_C = \frac{1}{2} bx \frac{x}{n(d - x)} f_y \tag{5.10}$$

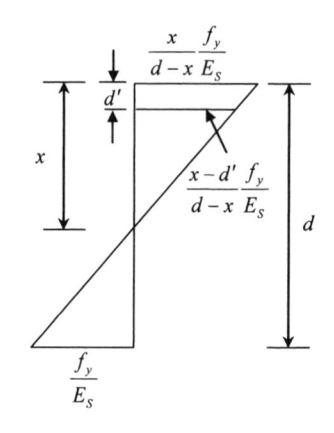

図 5.6 引張鉄筋降伏時のひずみ分布

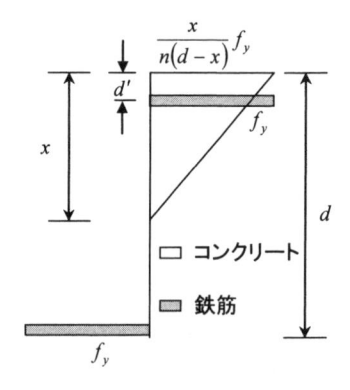

図 5.7 引張鉄筋降伏時の応力分布(仮定通り)

であり，圧縮側鉄筋の合力 C_S' は

$$C_S' = A_S' f_y \tag{5.11}$$

となる．一方，引張側鉄筋の合力 T_S は

$$T_S = A_S f_y \tag{5.12}$$

となる．また，力の釣り合い条件より

$$C_C' + C_S' = T_S \tag{5.13}$$

となる．式(5.13)に式(5.10)～(5.12)を代入し整理すると，$x>0$ より次式が得られる．

$$x = \left[-n(p-p') + \sqrt{n^2(p-p')^2 + 2n(p-p')}\right]d \tag{5.14}$$

ただし，$p = A_S/(bd)$（引張側鉄筋比），$p' = A_S'/(bd)$（圧縮側鉄筋比）である．

式(5.14)の x が $\dfrac{x-d'}{d-x} \geqq 1$ を満たすとき，曲げモーメント M は次式となる．

$$M = A_S f_y \left(d - \frac{x}{3}\right) + A_S' f_y \left(\frac{x}{3} - d'\right) \tag{5.15}$$

しかし，$\dfrac{x-d'}{d-x} < 1$ となった場合は，仮定が間違っていることになる．すなわち，圧縮側鉄筋は降伏していないことになる．このときの応力分布は図 5.8 のようになる．

よって，圧縮側鉄筋の合力 C_S' は

$$C_S' = A_S' \frac{x-d'}{d-x} f_y \tag{5.16}$$

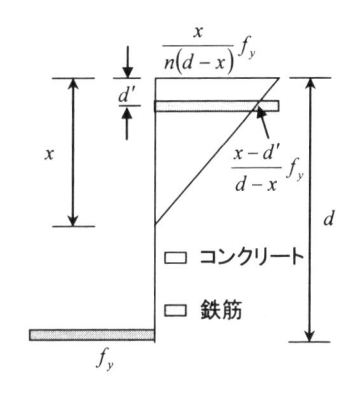

図 5.8 引張鉄筋降伏時の応力分布

となる．式(5.16)，(5.10)，(5.12)を式(5.13)に代入し，改めて中立軸の位置 x を計算しなおすと，$x>0$ より，次式を得る．

$$x = \left[-n(p+p') + \sqrt{n^2(p+p')^2 + 2n\left(p + \frac{d'}{d}p'\right)} \right] d \tag{5.17}$$

このとき曲げモーメント M は次式となる.

$$M = A_s f_y \left(d - \frac{x}{3} \right) + A'_s \frac{x-d'}{d-x} f_y \left(\frac{x}{3} - d' \right) \tag{5.18}$$

変形(曲率) ϕ は次式となる.

$$\phi = \frac{f_y}{E_s(d-x)} \tag{5.19}$$

通常,引張側鉄筋が降伏したとき,圧縮側鉄筋は降伏していないことが多い.そのため,まず,式(5.17)で中立軸の位置 x を計算し,$\dfrac{x-d'}{d-x} < 1$ となっていることを確認して計算を進めたほうがよい.

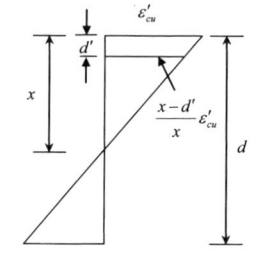

図 5.9 終局時のひずみ分布

5.5 圧縮側コンクリートが破壊するとき(終局時)の曲げ耐力

前節で既に述べたように,この状態に達した時は,当然,引張側コンクリートは降伏しているし,$\rho - \rho' < \rho_b$ で話を進めてきているため,引張鉄筋も降伏している.よって,ひずみ分布は図 5.9 のようになる.このとき,圧縮側鉄筋位置におけるひずみ ε'_s は次式となる.

$$\varepsilon'_s = \frac{x-d'}{x} \varepsilon'_{cu} \tag{5.20}$$

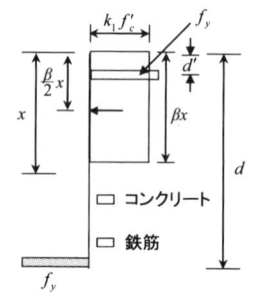

図 5.10 終局時の応力分布

いま,$\varepsilon_s > f_y / E_s$ であると仮定する.すなわち,次式が成立すると仮定する.

5.5 圧縮側コンクリートが破壊するとき(終局時)の曲げ耐力

$$x > \frac{\varepsilon'_{cu} \cdot d'}{\varepsilon'_{cu} - \dfrac{f_y}{E_s}} \tag{5.21}$$

このとき，応力分布は図 5.10 のようになる．圧縮側コンクリートの合力 C'_C は

$$C'_C = \beta k_1 b f'_c x \tag{5.22}$$

であり，圧縮側鉄筋の合力 C'_S は

$$C'_S = A'_S f_y \tag{5.23}$$

となる．一方，引張側鉄筋の合力 T_S は

$$T_S = A_S f_y \tag{5.24}$$

となる．また，力の釣り合い条件より

$$C'_C + C'_S = T_S \tag{5.25}$$

となる．式(5.25)に式(5.22)〜(5.24)を代入し整理すると，次式が得られる．

$$x = \frac{(A_S - A'_S) f_y}{\beta k_1 b f'_c} \tag{5.26}$$

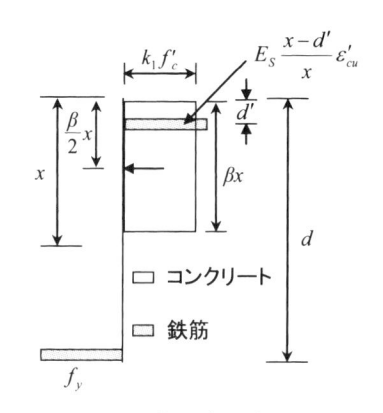

図 5.11 終局時の応力分布

式(5.26)の x が式(5.21)を満たした場合，終局時の曲げモーメント M は次式で表される．

$$M = A_S f_y \left(d - \frac{\beta}{2} x \right) + A'_S f_y \left(\frac{\beta}{2} x - d' \right) \tag{5.27}$$

しかし，式(5.26)の x が式(5.21)を満たさない場合，仮定が違っていることになる．すなわち，圧縮側鉄筋は降伏していないことになる．このとき，応力分布は図 5.11 のようになる．よって，圧縮側鉄筋の合力 C'_S は次式となる．

$$C'_S = A'_S E_S \frac{x - d'}{x} \varepsilon'_{cu} \tag{5.28}$$

式(5.28), (5.22), (5.24)を式(5.25)に代入し，改めて中立軸の位置 x を計算しなおすと，$x > 0$ より，次式が得られる．

$$x = \frac{A_S f_y - A'_S E_S \varepsilon'_{cu} + \sqrt{(A'_S E_S \varepsilon'_{cu} - A_S f_y)^2 + 4\beta k_1 b f'_c A'_S E_S d' \varepsilon'_{cu}}}{2\beta k_1 b f'_c} \tag{5.29}$$

このとき，曲げモーメント M は次式で表される．

$$M = A_s f_y \left(d - \frac{\beta}{2} x \right) + A_s' E_s \frac{x - d'}{x} \varepsilon_{cu}' \left(\frac{\beta}{2} x - d' \right) \qquad (5.30)$$

また，変形(曲率) ϕ は次式となる．

$$\phi = \frac{\varepsilon_{cu}'}{x} \qquad (5.31)$$

しかし，実際は，終局時における圧縮側鉄筋の合力 C_s' は，他の合力に比べ極めて小さいので，C_s' は無視しても差し支えないことが多い．すなわち，中立軸の位置 x および曲げモーメント M の算定は次式を用いてもよい．

$$x = \frac{A_s f_y}{\beta k_1 b f_c'} \qquad (5.32)$$

$$M = A_s f_y \left(d - \frac{\beta}{2} x \right) \qquad (5.33)$$

5.5 圧縮側コンクリートが降伏するとき(終局時)の曲げ耐力

例題 5.1 下記の RC はりにおいて，鉄筋が降伏するときの荷重 P_2，および終局時の荷重 P_3 を求める．

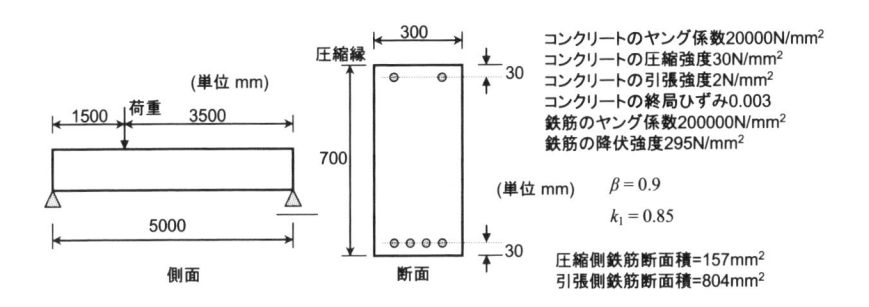

(図：側面図　スパン5000mm，荷重位置 左から1500mm，残り3500mm，はり高さ700mm)
(断面図：幅300mm，高さ700mm，圧縮縁側かぶり30mm，引張縁側かぶり30mm)

コンクリートのヤング係数20000N/mm²
コンクリートの圧縮強度30N/mm²
コンクリートの引張強度2N/mm²
コンクリートの終局ひずみ0.003
鉄筋のヤング係数200000N/mm²
鉄筋の降伏強度295N/mm²
$\beta = 0.9$
$k_1 = 0.85$
圧縮側鉄筋断面積=157mm²
引張側鉄筋断面積=804mm²

〔解答〕

$E_C = 2.0 \times 10^4$ N/mm², $E_S = 2.0 \times 10^5$ N/mm², $n = E_S/E_C = 10$, $f'_c = 30$ N/mm², $\varepsilon'_{cu} = 0.003$, $f_y = 295$ N/mm², $b = 300$ mm, $d = 670$ mm, $d' = 30$ mm, $A_S = 804$ mm², $A'_S = 157$ mm²

1) 引張側鉄筋が先に降伏するかどうかの確認

釣り合い鉄筋比 p_b は

$$p_b = \frac{\beta k_1 f'_c \varepsilon'_{cu}}{f_y(\varepsilon'_{cu} + f_y/E_S)} = 5.22 \times 10^{-2}$$

一方，実際の引張側鉄筋比 p および圧縮側鉄筋比 p' はそれぞれ

$$p = \frac{A_S}{bd} = 4.00 \times 10^{-3}, \quad p' = \frac{A'_S}{bd} = 7.81 \times 10^{-4} \text{ となる．}$$

よって，$p - p' = 3.22 \times 10^{-3} < p_b$ となるため，引張側鉄筋が先に降伏する．

2) 鉄筋が降伏するときの荷重 P_2 の算定

$\dfrac{x - d'}{d - x} < 1$，すなわち，圧縮側鉄筋は降伏していないと仮定する．このとき中立

軸の位置 x は

$$x = \left[-n(p+p') + \sqrt{n^2(p+p')^2 + 2n\left(p+\frac{d'}{d}p'\right)}\right]d = 161 \text{ mm}$$

このとき $\dfrac{x-d'}{d-x} = \dfrac{161-30}{670-161} = 0.257 < 1$ となり仮定を満たす．よって中立軸の位置 x は 161mm である．鉄筋が降伏するときの曲げモーメント M は

$$M = A_s f_y \left(d - \frac{x}{3}\right) + A_s' \frac{x-d'}{d-x}\left(\frac{x}{3} - d'\right) f_y = 1.46 \times 10^8 \text{ Nmm}$$

このとき曲率 ϕ は

$$\phi = \frac{f_y}{E_s(d-x)} = 2.90 \times 10^{-6} \text{ mm}^{-1}$$

鉄筋が降伏するときの荷重 P_2 は
$P_2 = 1.39 \times 10^5 \text{ N}$

3) 終局時の荷重 P_3 の算定

圧縮側鉄筋の合力を無視してもよいと考えると，中立軸の位置 x は

$$x = \frac{A_s f_y}{\beta k_1 f_c' b} = 34 \text{ mm}$$

よって，終局時の曲げモーメント M は

$$M = A_s f_y \left(d - \frac{\beta}{2}x\right) = 1.55 \times 10^8 \text{ Nmm}$$

このとき曲率 ϕ は

$$\phi = \frac{\varepsilon_{cu}'}{x} = 8.82 \times 10^{-5} \text{ mm}^{-1}$$

終局時の荷重 P_3 は
$P_3 = 1.48 \times 10^5 \text{ N}$

第6章　鉄筋コンクリート柱

　圧縮力を受ける鉛直または鉛直に近い部材で，その長さが最小横寸法の3倍以上の部材を柱と言う．鉄筋コンクリート柱の種類には，軸方向鉄筋とこれを取り囲む帯鉄筋を所定の間隔ごとに配筋した帯鉄筋柱(tied column)と，円形に配置した軸鉄筋の外側をらせん状に取り囲むらせん鉄筋で補強したらせん鉄筋柱(spirally reinforced column)がある．図6.1にその概略を示す．また鋼柱とコンクリート柱を組み合わせた合成柱や鋼柱をコンクリートで包んだ鋼コンクリート柱もあるが鉄筋コンクリート柱は前者の二つである．

　柱を設計する場合は種々の規制がある．この概略として，柱の長さは，上下端がヒンジである場合はヒンジ間の長さを柱の長さといい，部材の最小横寸法に対して長さが長くなると座屈を生ずる．この座屈の影響のない柱を短柱(short column)といい，影響する柱を長柱(long column)と言う．柱を設計する場合には構造細目があり，これら細則に従って設計しなければならない．

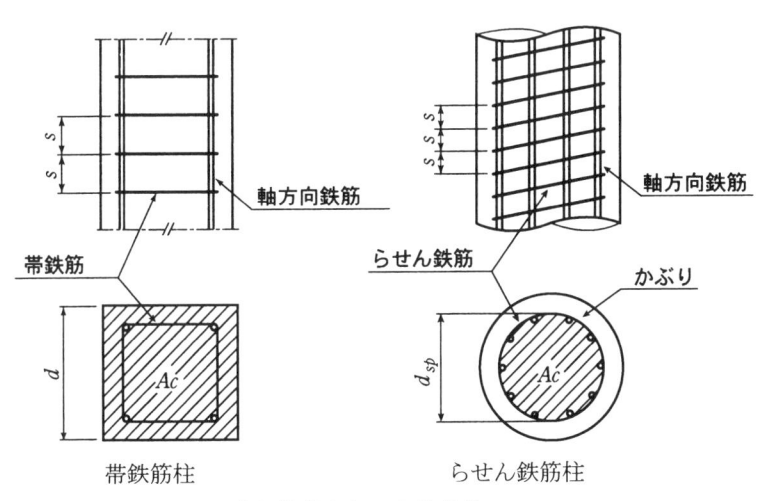

図6.1　帯鉄筋柱とらせん鉄筋柱

6.1 帯鉄筋柱

帯鉄筋は軸鉄筋の座屈の防止や施工上必要であるが応力度の計算にはこれを無視して軸方向鉄筋のみを柱の計算に入れる.

(1) 柱の有効長さと細長比

柱の有効長さ(effective length) h_e は，柱の座屈のとき，両端ヒンジの柱の部分の長さである. したがって，両端固定条件により，力学上の h_e は図 6.2 のようになる.

示方書[1)]では，設計の便宜上，柱の両端がはりなどで横方向に支持されている場合には有効長さとして柱部材の軸線の長さをとってよいとしている.

また，一端が固定され，他端が自由に変形できる柱の有効長さは柱長の2倍と規定している.

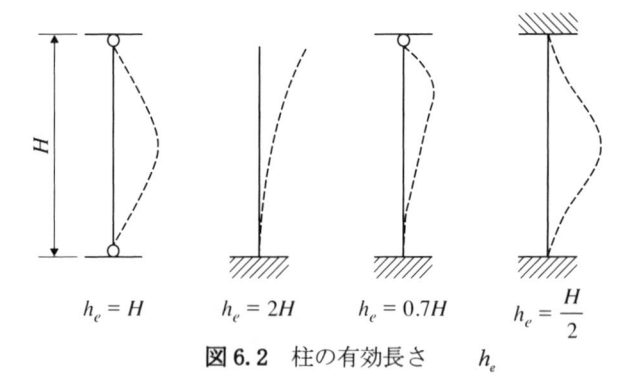

$h_e = H$ $h_e = 2H$ $h_e = 0.7H$ $h_e = \dfrac{H}{2}$

図 6.2 柱の有効長さ h_e

細長比(slenderness ratio)は，柱の有効長さと回転半径との比である.

$$\text{細長比} \quad \lambda = \frac{\text{有効長さ}}{\text{断面の回転半径}} = \frac{h_e}{i} \tag{6.1}$$

$$i = \sqrt{\frac{I}{A_c}}$$

ここに，h_e ：柱の有効長さ(mm)，i ：断面の回転半径(mm)
　　　　I ：中立軸に関する断面二次モーメント(mm^4)
　　　　A_c ：コンクリートの断面積(mm^2)

6.1 帯鉄筋柱　41

すなわち細長比が大となると，柱は座屈によって耐荷力が低下する．土木学会では，細長比に応じて次のような区別を設け，柱の設計を行うように定めている．
① 短柱：細長比が 35 以下の柱を短柱（short column）といい，横方向変位の影響を無視してよい．
② 長柱：細長比が 35 を超える柱を長柱（long column）といい，横方向変位の影響を考慮しなければならない．

表 6.1 に帯鉄筋柱とらせん鉄筋柱の比較を示す．

表 6.1　帯鉄筋柱とらせん鉄筋柱の比較

	帯鉄筋柱	らせん鉄筋柱
断面形状	任意	円形，ただし，かぶりの形状は任意
コンクリート断面積 A_c	柱断面積	らせん鉄筋中心内の面積
主鉄筋	軸方向鉄筋	軸方向鉄筋およびらせん鉄筋
横方向鉄筋	帯鉄筋	らせん鉄筋
断面最小横寸法 d 有効断面積の直径 d_{sp}	$d \geq 20\,\mathrm{cm}$	$d_{sp} \geq 20\,\mathrm{cm}$
短柱	$h_e/\lambda \leq 35$	$h_e/\lambda \leq 35$
長柱	$h_e/\lambda > 35$	$h_e/\lambda > 35$
低減係数 α	$15 < h_e/d \leq 40$ $\alpha = 1.45 - 0.03 h_e/d$	$15 < h_e/d_{sp} \leq 25$ $\alpha = 1.30 - 0.03 h_e/d_{sp}$
設計基準強度 f'_{ck}	特に制限はない	$f'_{ck} \geq 20\,\mathrm{N/mm^2}$
軸方向鉄筋，直径 ϕ	$\phi \geq 13\,\mathrm{mm}$，4 本以上， $0.8 \leq p \leq 6\%$	$\phi \geq 13\,\mathrm{mm}$，6 本以上， $1 \leq p \leq 6\%$，$p \geq \dfrac{p_a}{3}$
横方向鉄筋，直径 ϕ'	$\phi' \geq 6\,\mathrm{mm}$	$\phi' \geq 6\,\mathrm{mm}$，$p_a \leq 3\%$（一般に）
横方向鉄筋，間隔 s	$s \leq d$，12ϕ，$48\phi'$	$s \leq \dfrac{d_{sp}}{5}$，8cm 以下

(2) 弾性領域における応力

いま，長さ l の柱に軸方向荷重 N が作用して，柱は $\varDelta l$ だけ縮んだとする．許容軸方向荷重を N，コンクリートの応力度および断面積を σ_c，A_c，鉄筋の応力度および断面積を σ_s，A_s とすると，弾性理論により許容軸方向荷重 N とコンクリートの応力度 σ_c は式(6.2)および式(6.3)により求められる．

$$N = \sigma_c A_c + \sigma_s A_s = \sigma_c(A_c + nA_s) \tag{6.2}$$

$$\sigma_c = \frac{N}{A_c + nA_s} = \frac{N}{A_c(1+np)} \qquad \sigma_s = n\sigma_c = \frac{nN}{A_c(1+np)} \tag{6.3}$$

(3) 断面耐力

軸方向荷重を順次増加していき，σ_c がコンクリート柱の圧縮強度 k_c に達するころには，コンクリートは塑性領域になっている．したがって，式(6.2)，(6.3)の関係は成立しなくなる．コンクリートの応力が k_c になるときの圧縮ひずみ ε_{cu} は約 0.1～0.15% であるから，そのときの f_s は圧縮降伏点 f'_{sy} と考えられる．帯鉄筋柱の降状荷重 P_y は

$$P_y = k_c A_c + f'_{sy} A'_s \tag{6.4}$$

k_c を $k_1 f'_c$ とおくと，

$$P_y = 帯鉄筋柱の降状荷重 = k_1 f'_c A_c + f'_{sy} A'_s \tag{6.5}$$

土木学会「コンクリート標準示方書」[1]は，設計軸方向（中心軸）圧縮耐力 N'_{oud} を以下のように与えている．

$$N'_{oud} = \frac{k_1 f'_{cd} A_c + f'_{yd} A_{st}}{\gamma_b} \tag{6.6}$$

ここに，f'_c：円柱供試体によるコンクリートの圧縮強度

$f'_{cd} = f'_{ck}/\gamma_c$

f'_{sy}：軸方向鉄筋の圧縮降状強度

$f'_{yd} = f'_{yk}/\gamma_s$

k_1：コンクリート強度の低減係数 $= 1 - 0.003 f'_{ck} (k_1 \leq 0.85)$

A_c：コンクリートの断面積

A'_s：軸方向鉄筋の断面積

A_{st}：軸方向鉄筋の全断面積

γ_b：部材係数で一般に 1.3 としてよい

6.2 らせん鉄筋柱

らせん鉄筋柱は軸鉄筋の外側に密な間隔のらせん鉄筋を配置したものである．らせん鉄筋の効果は荷重を増大して破壊荷重近くになったとき顕著に表われる．そのときかぶり部分のコンクリートははがれ落ちるので，らせん鉄筋柱の A_c としては，らせん鉄筋の中心線内側のコンクリート面積を採用しなければならない．

らせん鉄筋柱は，らせん鉄筋をらせん鉄筋と同量の鋼材で作った鋼パイプと置き換えたものに等しいと考える．鋼パイプの中にコンクリートを充てんした柱のコンクリート部分に軸方向荷重 N が作用するものと考えて応力解析する．

(1) 弾性領域におけるコンクリートおよび鋼パイプの応力

コンクリート柱が荷重 N をうけたとき，鋼パイプ内のコンクリート柱の直径方向のひずみと，鋼パイプの直径方向のひずみは等しいから弾性理論より次式を得る．

$$\sigma_c = \frac{m}{n}\sigma_a + \frac{1}{2}(m-1)\sigma_a p_a \tag{6.7}$$

ここに，$A_a =$ らせん鉄筋を換算断面積 $= \dfrac{f}{s}\pi d_{sp}$，$p_a =$ らせん鉄筋比 $= \dfrac{A_a}{A_c} = \dfrac{4f}{d_{sp}s}$，$\sigma_a =$ コンクリートの横方向変形で生じた引張応力，$m =$ コンクリートのポアソン数とする．

(2) 断面耐力

式(6.7)は弾性領域における弾性理論式である．この式から式(6.8)を得る．

$$N = A_c \sigma_c = A_c \left[\frac{m}{n} \sigma_a + \frac{1}{2}(m-1) p_a \sigma_a \right] \tag{6.8}$$

式(6.8)で N が増大して P になると σ_a は降伏点 σ_{sy} に達していると考えられるので，破壊荷重 P は，

$$P = A_c \left[k_c + \frac{1}{2}(m-1) p_a \sigma_{sy} \right] = A_c k_c + \frac{1}{2}(m-1) A_a \sigma_{sy}$$

となる．

ここで，$A_c k_c$ の代わりに帯鉄筋柱の破壊荷重を採用すると

$$P_y = \text{らせん鉄筋柱の降伏荷重} = k_1 f_c' A_c + f_{sy}' A_s' + \frac{1}{2}(m-1) A_a \sigma_{sy}$$

となる．

示方書[1]では，設計軸方向（中心軸）圧縮耐力 N_{oud}' を以下のように式(6.9)と式(6.10)のいずれか大きい方の値を採用するようにしている．

$$N_{oud}' = \frac{k_1 f_{cd}' A_c + f_{yd}' A_{st}}{\gamma_b} \tag{6.9}$$

$$N_{oud}' = \frac{k_1 f_{cd}' A_e + f_{yd}' A_{st} + 2.5 f_{pyd} A_{spe}}{\gamma_b} \tag{6.10}$$

ここに，A_c ：コンクリートの断面積

A_e ：らせん鉄筋で囲まれたコンクリート（コア部）の断面積

A_{st} ：軸方向鉄筋の全断面積

A_{spe} ：らせん鉄筋の換算断面積（$\pi d_{sp} A_{sp}/s$）

d_{sp} ：らせん鉄筋で囲まれた断面（有効断面）の直径

A_{sp} ：らせん鉄筋の断面積

s ：らせん鉄筋のピッチ

f_{cd}' ：コンクリートの設計圧縮強度

f_{yd}' ：軸方向鉄筋の設計圧縮降伏強度

f_{pyd} ：らせん鉄筋の設計引張降伏強度

k_1 ：コンクリート強度の低減係数で，一般に 0.85 としてよい．

γ_b ：部材係数で，この場合には一般に 1.3 としてよい．

例題 6.1 柱の直径 58cm，有効長さ $h_e = 4.0$ m，有効断面積の直径 $d_{sp} = 50$ cm を有するらせん鉄筋柱の設計軸方向圧縮耐力（N'_{oud}）を求めよ．ただし，軸方向鉄筋の全断面積 $A_{st} = 5139$ mm² (8-D29, SD345)，らせん鉄筋は D16 (SD345A) を 5cm ピッチに配置，コンクリートの設計基準強度 $f'_{ck} = 40$ N/mm²，軸方向鉄筋の圧縮降伏強度 $f'_{yk} = 345$ N/mm²，らせん鉄筋の引張降伏強度 $f_{pyk} = 345$ N/mm² とする．また，安全係数はそれぞれ $\gamma_c = 1.3, \gamma_s = 1.0, \gamma_b = 1.3$ とする．

〔解答〕

$$f'_{cd} = \frac{40}{1.3} = 30.8 \text{ N/mm}^2$$

$$f'_{yd} = f_{pyd} = \frac{345}{1.0} = 345 \text{ N/mm}^2$$

らせん鉄筋で囲まれたコンクリートの有効断面積は

$$A_e = \frac{\pi d_{sp}^2}{4} = \frac{3.14 \times 50^2}{4} = 196250 \text{ mm}^2$$

らせん鉄筋の換算断面積は

$$A_{spe} = \frac{\pi d_{sp} A_{sp}}{s} = \frac{3.14 \times 50 \times 1.986}{5} = 62.4 \text{ cm}^2 = 6240 \text{ mm}^2$$

らせん鉄筋柱の設計軸方向耐力は式 (6.9), (6.10) のいずれか大きい値を採用することになっている．
$A_c = 264074$ mm² であるから

$$N'_{oud} = \frac{0.85 f'_{cd} A_c + f'_{yd} A_{st}}{\gamma_b} = \frac{0.85 \times 30.8 \times 264074 + 345 \times 5139}{1.3} = 6681.9 \text{ kN}$$

$$N'_{oud} = \frac{0.85 f'_{cd} A_e + f'_{yd} A_{st} + 2.5 f'_{pyd} A_{spe}}{\gamma_b}$$

$$= \frac{0.85 \times 30.8 \times 196250 + 345 \times 5139 + 2.5 \times 345 \times 6240}{1.3} = 9456 \text{ kN}$$

よって，9456 kN を採用する．

次に，細長比について検討する．ただし，断面二次モーメントはコンクリート有効断面積より求めた．

$$i = \sqrt{\frac{I}{A_e}} = \sqrt{\frac{306640}{1962.5}} = 12.5 \text{ cm}$$

$$I = \frac{\pi d_{sp}^4}{64} = \frac{3.14 \times 50^4}{64} = 306640 \text{ cm}^4$$

$$\lambda = \frac{h_e}{i} = \frac{400}{12.5} = 32 < 35$$

よって，短柱であるから，横方向の変位は考えなくてもよい．

例題 6.2 有効長さ $h_e = 3.8$ m の正方形断面を有する帯鉄筋柱に 3500kN の中心軸方向圧縮力を受けるときの断面を設計せよ．使用材料の特性値ならびに安全係数は例題 6.1 と同じとする．

〔解答〕

帯鉄筋柱では軸方向鉄筋比を計算上必要なコンクリート断面積の 0.8%以上，かつ 6%以下でなければならないから，ここでは軸方向鉄筋量を 1%と仮定して ($p = A_{st}/A_c = 0.01$)に仮定して設計する．
コンクリートの断面積 A_c は，

$$N'_{oud} = \frac{0.85 f'_{cd} A_c + f'_{yd} A_{st}}{\gamma_b} \quad \text{より，}$$

$$A_c = \frac{\gamma_b N'_{oud}}{0.85 f'_{cd} + p f'_{yd}} = \frac{1.3 \times 3500000}{0.85 \times 30.8 + 0.01 \times 345} = \frac{4550000}{29.63} = 153560.6 \text{ mm}^2$$

したがって，コンクリート断面の正方形の一辺の長さ(d)は，

$$d = \sqrt{A_c} = \sqrt{1536} = 39.2 \text{ cm}^2$$

安全性を考慮して 40cm とする．
細長比について検討する．

$$i = \sqrt{\frac{I}{A_c}} = \sqrt{\frac{213333}{1600}} = 11.5 \text{ cm}$$

$$I = \frac{d^4}{12} = \frac{40^4}{12} = 213333 \text{ cm}^4$$

$$A_c = 40 \times 40 = 1600 \text{ cm}^4$$

$$\lambda = \frac{h_e}{i} = \frac{380}{11.5} = 33.0 \text{ cm}$$

$\lambda = 33.0 < 35$ より，短柱であるから横方向の変位の影響は無視してよい．
この断面では鉄筋比を 1% と仮定しているので，軸方向鉄筋量（A_{st}）は

$$A_{st} = 0.01 A_c = 0.01 \times 40 \times 40 = 16 \text{ cm}^2$$

よって，軸方向鉄筋として，D22 を 4 本配置（規定では 4 本以上）とすると $A_{st} = 15.48 \text{ cm}^2$ となる．

帯鉄筋は，D10（規定では 6mm 以上）を $s = 20$ cm 間隔に配置するものとして，規定と対比する．

$s = 20$ cm ＜ 柱の最小寸法（d）$= 40$ cm

$s = 20$ cm ＜ 軸方向鉄筋の直径（ϕ）の 12 倍 $= 12 \times 2.2 = 26.4$ cm

$s = 20$ cm ＜ 帯鉄筋の（ϕ'）の 48 倍 $= 48 \times 1 = 48$ cm

いずれも満足しているので，この断面は安全である．

第7章 軸力と曲げを受けるRCはりの終局時の耐力機構

第5章では純曲げを受けるRCはりの耐力機構について述べてきたが，本章では，軸力と曲げを同時に受けるRCはりの耐力機構について説明する．

7.1 軸力のみを受けるRC柱の終局時の軸耐力

図7.1のように，RC柱に軸力のみが作用している場合を考える．RC柱の任意断面においてコンクリート部分の全断面積をA_C，軸鉄筋全断面積をA_{Sa}とする．さらにコンクリートと鉄筋は完全に付着していると仮定する．コンクリートが終局ひずみに達したときに，このRC柱は破壊する．破壊直前のひずみおよび応力分布は図7.2のようになる．

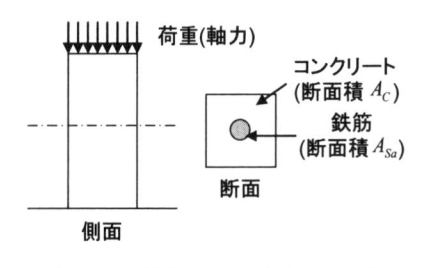

図7.1 軸力のみを受けるRC柱

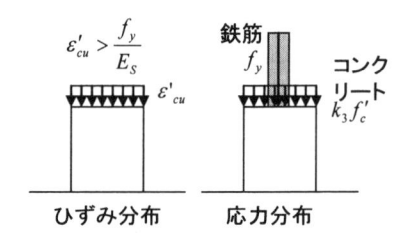

図7.2 破壊直前のひずみおよび応力分布

よって，軸力のみを受けるRC柱の軸耐力N'は次式で表される．

$$N' = A_C k_3 f_c' + A_{Sa} f_y \tag{7.1}$$

ただし，式(7.1)は，厳密に言えば，短柱に対してのみ有効である．長柱に対しては，座屈を考慮した上で軸耐力を求める必要があるが，本書では，短柱のみを対象とし，長柱については触れないことにする．

7.2 軸力と曲げの相互作用について

RCはり(柱)には，一般的には，軸力，せん断力，曲げモーメントが同時に作用

7.2 軸力と曲げの相互作用について

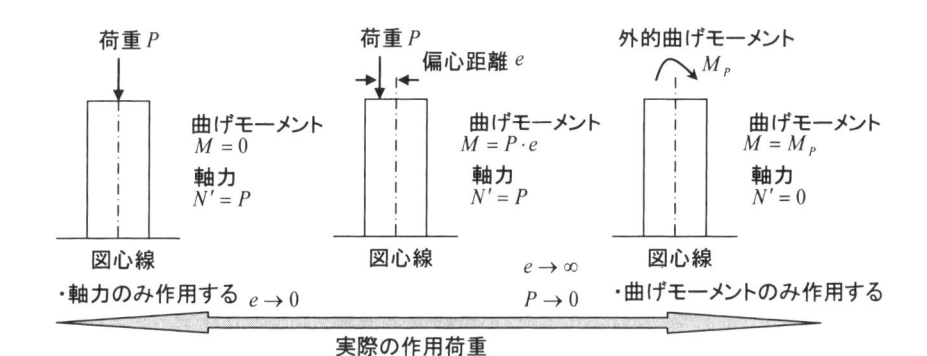

図 7.3 軸力と曲げを受ける RC 柱

- 荷重 P、曲げモーメント $M = 0$、軸力 $N' = P$、図心線
- 軸力のみ作用する $e \to 0$
- 荷重 P、偏心距離 e、曲げモーメント $M = P \cdot e$、軸力 $N' = P$、図心線
- 実際の作用荷重
- $e \to \infty$、$P \to 0$
- 外的曲げモーメント M_P、曲げモーメント $M = M_P$、軸力 $N' = 0$、図心線
- 曲げモーメントのみ作用する

する．軸力のみが作用する，あるいは曲げモーメントおよびせん断力が作用するという場合は極めてまれなケースと言ってよい．これまでは，曲げモーメントのみあるいは軸力のみに対する耐力の算定について述べてきたが，ここでは**図 7.3**のように，軸力と曲げモーメント(+せん断力)を同時に受ける場合の耐力の求め方について述べる．

まず，軸力と曲げモーメントを**図 7.4**に示すような直交座標に置き換えてみる．純曲げ時においては，断面力が終局時の曲げモーメント M_u に達した場合，断面は破壊する．また，軸力のみ作用する場合は，断面力が軸耐力に達した場合，断面は破壊する．このことから判断すると，曲げと軸力を同時に受ける断面力経路についても，耐力を表す何らかの境界線が存在するのではないか

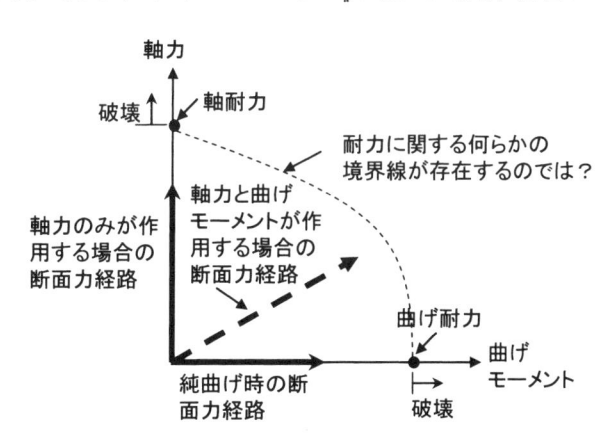

図 7.4 曲げモーメント軸力空間と耐力

ということが推察される．

断面力経路が，この境界線と軸で囲まれた領域内に存在するとき，断面の破壊は生じないが，経路がこの境界線に達したとき破壊が生じると考えられる．この境界線は相互作用図(interaction curve)と呼ばれる．以下に長方形断面(図 7.5)を例に相互作用図の算定方法について述べる．

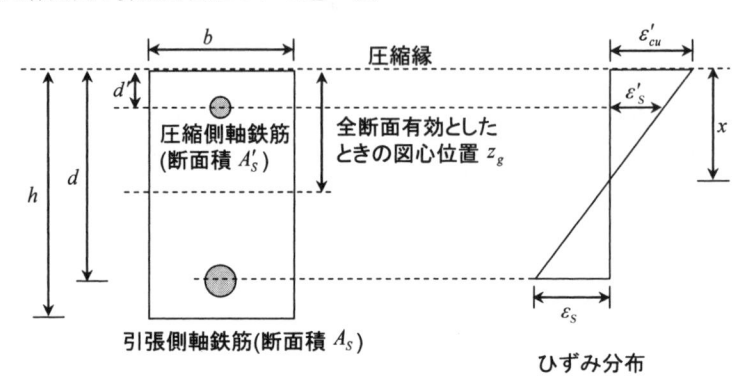

図 7.5 対象となる長方形 RC 断面とひずみ分布

① ひずみ分布を仮定する(図 7.5)．

破壊時においては，圧縮縁のひずみは常に ε'_{cu} である．一方，引張側鉄筋位置のひずみを ε_s ($\varepsilon_s \geqq -\varepsilon'_{cu}$)とする．$\varepsilon_s$ の与え方による破壊のパターンを図 7.6 に示す．

純曲げによる破壊　　$\varepsilon_s = \dfrac{d-x}{x}\varepsilon'_{cu}$　$x = \dfrac{A_s f_y}{\beta k_1 f'_c b}$

釣合い破壊　　$\varepsilon_s = \dfrac{f_y}{E_s}$

圧縮破壊　　$\varepsilon_s = 0$

純圧縮破壊　　$\varepsilon_s = -\varepsilon'_{cu}$

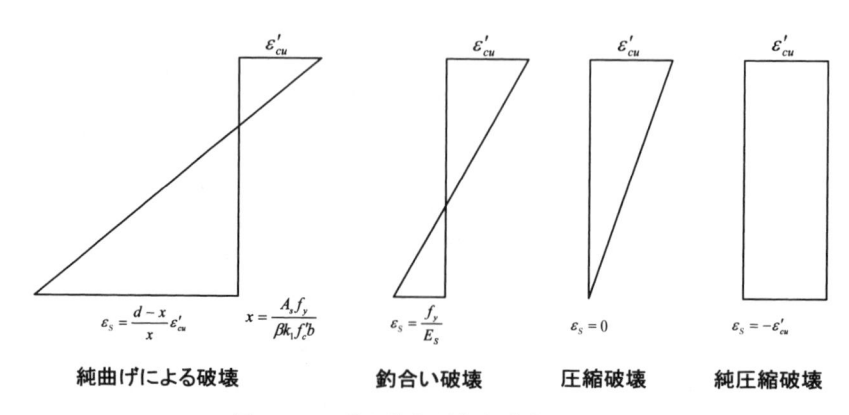

図 7.6 ひずみ分布形状と破壊パターン

② 次式で x および圧縮側鉄筋位置のひずみ ε'_s を求める.

$$x = \frac{\varepsilon'_{cu}}{\varepsilon'_{cu} + \varepsilon_s} d \tag{7.2}$$

$$\varepsilon'_s = \frac{x - d'}{x} \varepsilon'_{cu} \tag{7.3}$$

③ $\beta x > h$ のときは,
$x = h/\beta$ とする.

④ 次式で圧縮側の鉄筋応力 σ'_s および引張側鉄筋応力 σ_s を求める.

$$\sigma'_s = E_s \varepsilon'_s, \sigma_s = E_s \varepsilon_s \tag{7.4}$$

⑤ $\sigma'_s > f_y$ であれば $\sigma'_s = f_y$, $\sigma'_s < -f_y$ であれば $\sigma'_s = -f_y$ とする. 同様に, $\sigma_s > f_{sy}$ であれば $\sigma_s = f_y$, $\sigma_s < -f_y$ であれば $\sigma_s = -f_y$ とする.

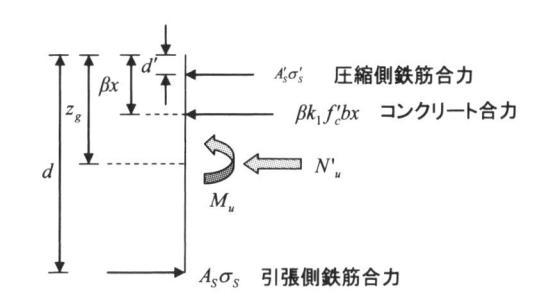

図 7.7 N'_u および M の算定方法

⑥ 次式で軸圧縮力 N'_u, 曲げモーメント M_u を計算する. 曲げモーメントについては断面の図心位置 z_g 回りを基準としている(図 7.7 を参照).

$$N'_u = \beta k_1 f'_c bx + A'_s \sigma'_s - A_s \sigma_s \tag{7.5}$$

$$M_u = \beta k_1 f'_c bx \left(z_g - \frac{\beta}{2} x \right) + A'_s \sigma'_s \left(z_g - d' \right) + A_s \sigma_s \left(d - z_g \right) \tag{7.6}$$

上記の①〜⑥により, 仮定した ε_s に対して (M_u, N'_u) の座標点が1つ定まる. ε_s に様々な値を与え, それに応じた (M_u, N'_u) を計算すると, (M_u, N'_u) の集合はある曲線を描く. その軌跡が相互作用図である.

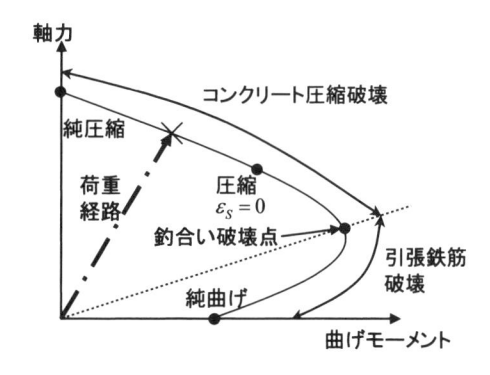

図 7.8 一般的な相互作用図

一般的に得られる相互作用図は図 7.8 のようになる．断面力経路と相互作用図との交点座標が，破壊時の断面力となる．

例題 7.1

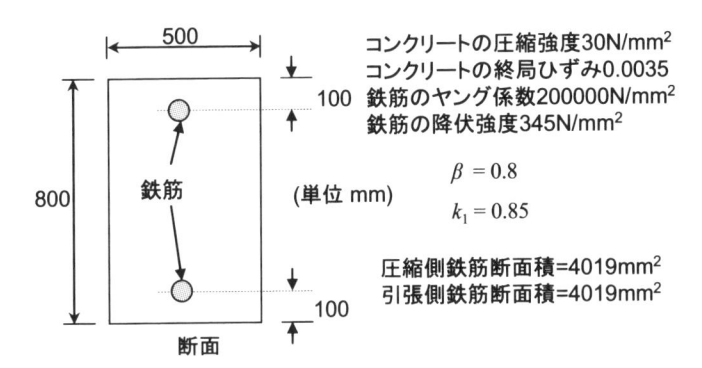

```
         500
  |←――――――――――→|
  ┌─────────────┐  ↑      コンクリートの圧縮強度30N/mm²
  │             │ 100     コンクリートの終局ひずみ0.0035
  │   ○         │  ↓      鉄筋のヤング係数200000N/mm²
  │             │         鉄筋の降伏強度345N/mm²
  │  鉄筋       │  (単位 mm)
800│             │              $\beta = 0.8$
  │             │              $k_1 = 0.85$
  │             │
  │   ○         │  ↑      圧縮側鉄筋断面積=4019mm²
  │             │ 100     引張側鉄筋断面積=4019mm²
  └─────────────┘  ↓
       断面
```

上記の RC 断面に対して①純曲げ時,②$\varepsilon_s = 2\dfrac{f_y}{E_s}$,③釣合い破壊時,④$\varepsilon_s = 0$,⑤純圧縮時に対する (M_u, N'_u) を計算し,それらを補間することにより相互作用図を求める.

〔解答〕

$E_s = 2.0 \times 10^5$ N/mm², $f'_c = 30$ N/mm², $\varepsilon'_{cu} = 0.0035$, $f_y = 345$ N/mm²,
$b = 500$ mm, $d = 700$ mm, $d' = 100$ mm, $h = 800$ mm, $z_g = 400$ mm,
$A_s = A'_s = 4019$ mm²

① 純曲げ時

本章で述べた方法でも計算できるが,ここでは,5 章で求めた終局時の曲げモーメントを求める方法に沿って算定する.

中立軸の位置 x は

$$x = \frac{A_s f_y}{\beta k_1 f'_c b} = 136 \text{ mm}$$

このとき M_u は

$$M_u = A_s f_y \left(d - \frac{\beta}{2}x\right) = 8.95 \times 10^8 \text{ Nmm}$$

明らかに，$N' = 0$

② $\varepsilon_s = 2\dfrac{f_y}{E_s}$ のとき

$$x = \frac{\varepsilon'_{cu}}{\varepsilon'_{cu} + \varepsilon_s}d = 353 \text{ mm}$$

$$\varepsilon'_s = \frac{x - d'}{x}\varepsilon'_{cu} = 2.51 \times 10^{-3}$$

このとき $\beta x = 282$ mm となり，$h = 800$ mm より小さい．
$\sigma'_s = E_s \varepsilon'_s = 502$ N/mm²
$\sigma_s = E_s \varepsilon_s = 690$ N/mm²
$\sigma'_s > f_y$，$\sigma_{s0} > f_y$ であるので，$\sigma'_s = \sigma_s = f_y = 345$ N/mm²
$M_u = \beta k_1 f'_c b x (z_g - \dfrac{\beta}{2}x) + A'_s \sigma'_s (z_g - d') + A_s \sigma_s (d - z_g) = 1.76 \times 10^9$ Nmm
$N'_u = \beta k_1 f'_c b x + A'_s \sigma_{s1} - A_s \sigma_s = 3.60 \times 10^6$ N

③ $\varepsilon_s = \dfrac{f_y}{E_s}$ のとき（釣合い破壊時）

$$x = \frac{\varepsilon'_{cu}}{\varepsilon'_{cu} + \varepsilon_s}d = 469 \text{ mm}$$

$$\varepsilon'_s = \frac{x - d'}{x}\varepsilon'_{cu} = 2.75 \times 10^{-3}$$

このとき $\beta x = 375$ mm となり，$h = 800$ mm より小さい．
$\sigma'_s = E_s \varepsilon'_s = 550$ N/mm²
$\sigma_s = E_s \varepsilon_s = 345$ N/mm²
$\sigma'_s > f_y$ であるので，$\sigma'_s = f_y = 345$ N/mm²
$M_u = \beta k_1 f'_c b x (z_g - \dfrac{\beta}{2}x) + A'_s \sigma'_s (z_g - d') + A_s \sigma_s (d - z_g) = 1.85 \times 10^9$ Nmm
$N'_u = \beta k_1 f'_c b x + A'_s \sigma'_s - A_s \sigma_s = 4.78 \times 10^6$ N

④ $\varepsilon_s = 0$ のとき

$$x = \frac{\varepsilon'_{cu}}{\varepsilon'_{cu} + \varepsilon_s}d = 700 \text{ mm}$$

$$\varepsilon'_s = \frac{x-d'}{x}\varepsilon'_{cu} = 3.00 \times 10^{-3}$$

このとき $\beta x = 560$ mm となり，$h = 800$ mm より小さい．

$\sigma'_s = E_s\varepsilon'_s = 600$ N/mm²

$\sigma_s = E_s\varepsilon_s = 0 \, N/mm^2$ N/mm²

$\sigma'_s > f_y$ であるので，$\sigma'_s = f_y = 345$ N/mm²

$M_u = \beta k_1 f'_c bx(z_g - \frac{\beta}{2}x) + A'_s\sigma'_s(z_g - t) + A_s\sigma_s(d - z_g) = 1.27 \times 10^9$ Nmm

$N'_u = \beta k_1 f'_c bx + A'_s\sigma'_s - A_s\sigma_s = 8.53 \times 10^6$ N

⑤ 純圧縮時

明らかに $M = 0$ Nmm

また，純圧縮の耐力 N'_u は，本節で述べた方法でも計算できるが，式(7.1)を用いても，もっと簡単にできる．よって，

$$N'_u = A_C k_1 f'_c + A_{Sa}f_y = 1.30 \times 10^7 \text{ N}$$

以上①〜⑤で求めた値から相互作用図を描くと以下のようになる．

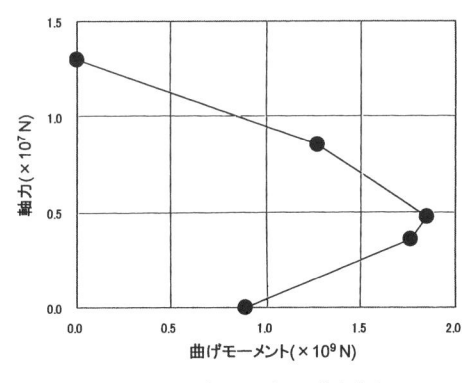

例題から求めた相互作用図

第8章　RCはりのせん断耐力機構

8.1　せん断ひび割れとせん断補強

図 8.1 のように荷重が作用するはりを考える．この図から言えることは，荷重の作用する位置と支点間の距離を a とすると，a が大きい場合は，曲げモーメントが，a が小さい場合は，せん断力がこの区間において卓越する．

この a はせん断スパン (shear span) と呼ばれる．通例としては，有効高さで割った値，すなわち，せん断スパン比 a/d が使用される．一般的に，はりの形状は a/d の値により以下のように分類される．

(1) 細長いはり (slender beam)
　① a/d が大きい．
　②せん断力より曲げモーメントが卓越する．
(2) 背の高いはり (deep beam)
　① a/d が小さい．
　②曲げモーメントよりせん断力が卓越する．

一般的に，RC に生じるひび割れは，最大引張主応力方向を法線とする平面に沿って生じる．図 8.2 のように，曲げモーメントが起因する場合，ひび割れは，最大曲げモーメントが生じる断面区間の引張縁付近に，

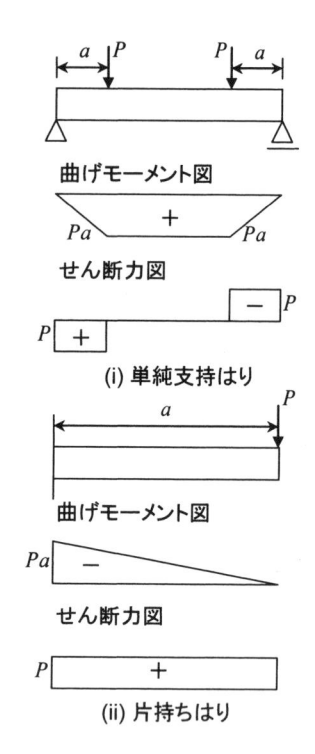

図 8.1　はりに作用する断面力とせん断スパン

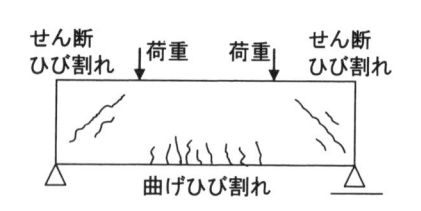

図 8.2　曲げひび割れとせん断ひび割れ

はりの高さ方向に向かって生じる．一方，せん断力が起因する場合，ひび割れは，最大せん断力が生じる断面区間全域にわたって長手方向と大体 45°の方向で生じる．前者は曲げひび割れ，後者はせん断ひび割れと呼ばれる．

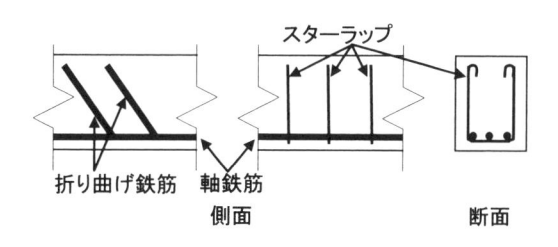

図 8.3 曲げ補強筋およびせん断補強筋

曲げ補強は主として軸鉄筋(主鉄筋)にてなされるが，せん断補強は主としてスターラップ(stirrup)あるいは折曲鉄筋(bent up reinforcement)によりなされる(図 8.3)．

8.2 せん断破壊の形式

RC はりの破壊形式は，せん断スパン比 a/d によって，以下の3つに分類される．

(1) 曲げ破壊(flexural failure)

① a/d が 5.5 以上の細長いはりに対して生じる．(詳細は第 5 章参照)

(2) 斜め引張破壊(diagonal tension failure)

① a/d が 2.5〜5.5 程度のはりに対して生じる．

②はり腹部から生じる斜めひび割れにより急激に耐力を失う．

③せん断補強筋が全く無いか，あっても少量の場合に生じやすい．

(3) せん断圧縮破壊(shear compression failure)

① a/d が 2.5 より小さいディープビームに対して生じる．

②はり上縁部の圧縮側コンクリートの破壊が主となる．

(2)(3)を総称して，せん断破壊と呼ぶ．

8.3 修正トラス理論による RC はりのせん断耐力機構

図 8.4 に示すような RC はりを考える．RC はりには，斜めひび割れが生じるも

のとする．また，スターラップが長手方向に直角に配置されているものとする．このとき，斜めひび割れに沿ってカットされた構造の自由体は図 8.5 のようになる．トラス理論とは，この自由体について力 V_1, V_2, V_3 を無視することにより，RC はりを図 8.6 のようなトラスで近似する考え方である．図 8.6 中の力 V_s はスターラップが受けもつ鉛直力であり，V_s が最大になるとき，それがせん断耐力となる（$V = V_s$ だから）．スターラップ一組の断面積を A_s とする（図 8.7）．スターラップが受けもつ力が最大となるときは，ひび割れ面に位置するスターラ

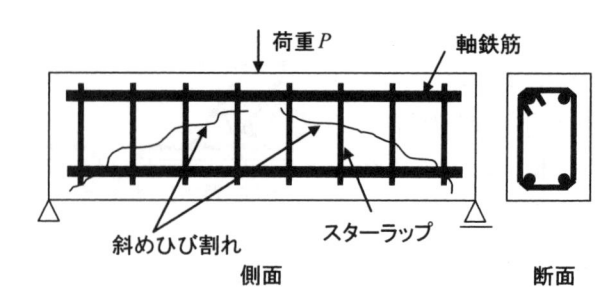

図 8.4 斜め引張ひび割れが生じたときの RC はり

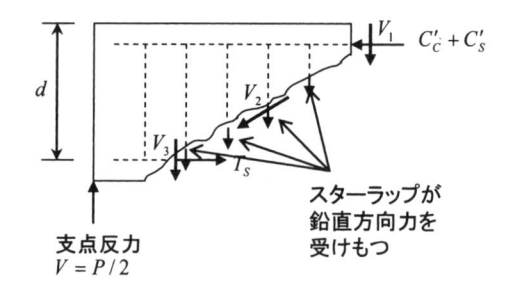

図 8.5 斜めひび割れに沿ってカットしたときの自由体図

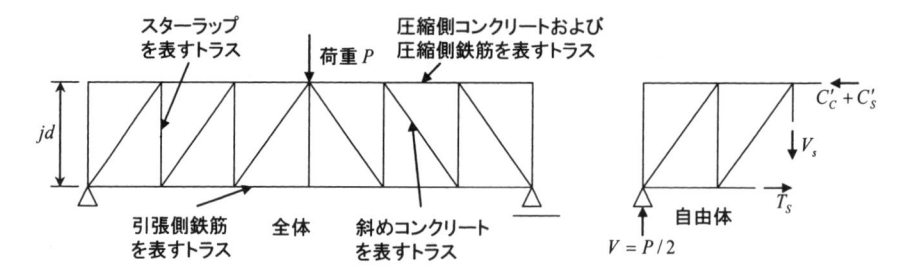

図 8.6 トラス理論による RC はりのモデル化

8.3 修正トラス理論による RC はりのせん断耐力機構

ップの応力が全てスターラップの降伏応力 f_{sv} に達したときである．このとき，V_s の最大値は次式となる．

$$V_s = mA_v f_{sv} \tag{8.1}$$

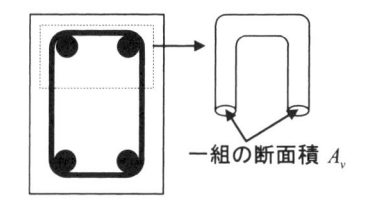

図 8.7　スターラップ一組の断面積

ただし，m は，ひび割れ面に位置するスターラップの本数である．また，図 8.8 に示すように，

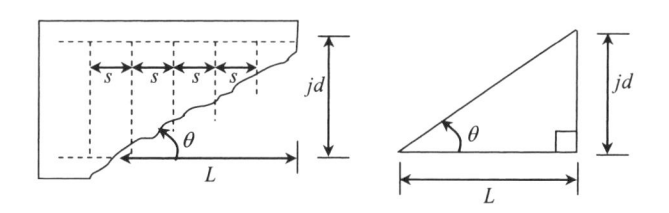

図 8.8　スターラップ間隔およびひび割れ面長さ

スターラップ間隔を s，ひび割れ面を高さ方向に投影したときのひび割れ面長さを L，引張側鉄筋からひび割れ面最上部までの高さを jd とすると，ひび割れ面に位置するスターラップの本数 m は近似的に次式で与えられる．

$$m = \frac{L}{s} \tag{8.2}$$

一方，幾何学的な考察から，次式が得られる．

$$\frac{jd}{L} = \tan\theta \tag{8.3}$$

式(8.2)，(8.3)を式(8.1)に代入すると，スターラップが受けもつせん断耐力 V_s は次式で表される．

$$V_s = A_v f_{sv} \frac{jd \cot\theta}{s} \tag{8.4}$$

通常，斜めひび割れは $\theta = 45°$ で生じることが多いため，$\theta = 45°$ と仮定することにより次式で V_s が与えられることが多い．

$$V_s = A_v f_{sv} \frac{jd}{s} \tag{8.5}$$

j は実験的に定められており，おおよそ $j=7/8$ である．式(8.5)がトラス理論によるせん断耐力の算定式である．

ところが，実際にせん断破壊荷重を測定し，式(8.5)と比較検討した結果，図 8.9 のようにせん断破壊荷重の実測値は式(8.5)による計算値よりも大きな値となることが確認された．そこで $V=V_s$ として，せん断破壊荷重を求めるのではなく，

$$V = V_c + V_s \qquad (8.6)$$

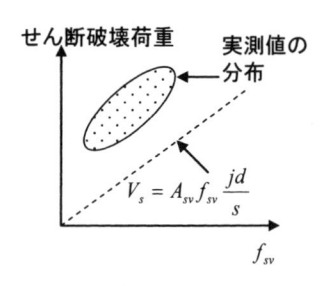

図 8.9　せん断破壊荷重の実測分布とトラス理論による計算式との比較

として，せん断破壊荷重を評価する方法が採用されている．したがって式(8.6)は，式(8.5)にスターラップ以外のせん断抵抗 V_c を加えることにより，トラス理論に修正を施す考え方である．この考え方が修正トラス理論(modified truss analogy)である．V_c は力学的には，図 8.5 中の力 V_1，V_2，V_3 に起因しているが，それぞれについて説明すると以下の通りである．

(1) V_1 の要因

これは，圧縮側コンクリート自身がせん断抵抗することに起因している．ゆえに，コンクリートの一軸圧縮強度が増加すると，このせん断抵抗は大きくなる．

(2) V_2 の要因

これは，斜めひび割れに沿った方向におけるせん断抵抗に起因している．この抵抗は図 8.10 に示すように骨材同士のかみ合わせ(aggregate interlocking)によって生じる．よって，骨材の最大粒径が大きくなると，このせん断抵抗は大きくなる．

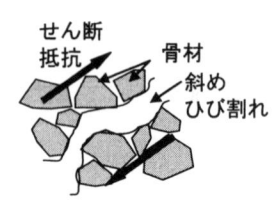

図 8.10　骨材同士のかみ合わせ（イメージ）

(3) V_3 の要因

これは，引張軸鉄筋自身のせん断抵抗に

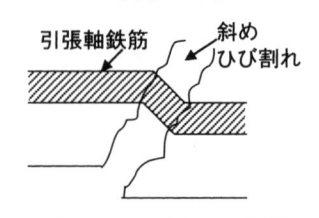

図 8.11　ダウエル効果

起因している．図 8.11 に示すように，引張軸鉄筋があたかも"だぼ"のように作用してせん断抵抗を生じさせる(ダウエル効果)．引張軸鉄筋量を大きくすれば，このせん断抵抗は大きくなる．

客観的な理論に基づいた V_c について，土木学会では，棒部材の設計せん断耐力 V_c を次式で与えている．

$$V_c = \beta_d \beta_p \beta_n f_{vcd} b_w d / \gamma_b \tag{8.7}$$

ただし，$f_{vcd} = 0.20\sqrt[3]{f'_{cd}}$ ($f_{vcd} \leq 0.72$)，$\beta_d = \sqrt[4]{1/d}$ (d の単位は m) ($\beta_d > 1.5$ のとき $\beta_d = 1.5$)，$\beta_p = \sqrt[3]{100 p_w}$ ($\beta_p > 1.5$ のとき $\beta_p = 1.5$)，

$$\beta_n = \begin{cases} 1 + 2M_0/M_{ud} & N'_d \geq 0 \\ 1 + 4M_0/M_{ud} & N'_d < 0 \end{cases}$$ ($\beta_n > 2$ のとき $\beta_n = 2$，$\beta_n < 0$ とき $\beta_n = 0$)，

$p_w = \dfrac{A_s}{b_w d}$ である．

ここに，f'_{cd} はコンクリートの設計圧縮強度，b_w はウェブ幅，N'_d は設計軸方向圧縮力，M_{ud} は軸方向を考慮しない純曲げ耐力，M_0 は設計曲げモーメントに対する引張縁において，軸方向力によって生じる応力を打ち消すのに必要な曲げモーメント，γ_b は部材係数である．

なお，本節では設計に関する記述は触れていないため，後の例題では便宜的に $f'_{cd} = f'_c$，$\beta_n = 1$，$\gamma_b = 1.0$ としていることを留意されたい．

例題 8.1 下記の RC はりのせん断破壊荷重を求め，曲げ破壊荷重と比較する．

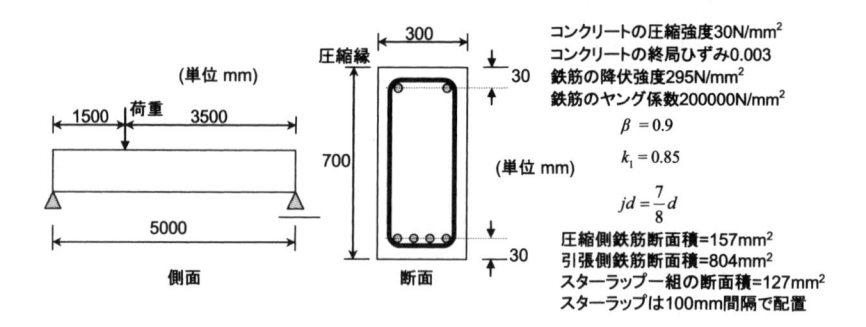

コンクリートの圧縮強度30N/mm^2
コンクリートの終局ひずみ0.003
鉄筋の降伏強度295N/mm^2
鉄筋のヤング係数200000N/mm^2
$\beta = 0.9$
$k_1 = 0.85$
$jd = \dfrac{7}{8}d$
圧縮側鉄筋断面積=157mm^2
引張側鉄筋断面積=804mm^2
スターラップ一組の断面積=127mm^2
スターラップは100mm間隔で配置

〔解答〕

$f'_c = 30$ N/mm^2, $\varepsilon'_{cu} = 0.003$, $f_y = f_{sv} = 295$ N/mm^2, $A_S = 804$ mm^2, $A'_S = 157$ mm^2, $A_{sv} = 127$ mm^2, $b = b_w = 300$ mm, $d = 670$ mm, $s = 100$ mm

まず，せん断耐力 V を修正トラス理論により求める．

$$V = V_c + V_s, \quad V_c = \beta_d \beta_p \beta_n f_{vc} b_w d, \quad V_s = A_v f_{sv} \dfrac{jd}{s},$$

$$f_{vc} = 0.20\sqrt[3]{f'_c} = 0.621 < 0.72$$

$$\beta_d = \sqrt[4]{1/d} = 1.105 < 1.5$$

$$p_w = \dfrac{A_S}{b_w d} = 4.00 \times 10^{-3} \quad \beta_p = \sqrt[3]{100 p_w} = 0.737 < 1.5$$

軸圧縮力は 0 なので，$\beta_n = 1$

よって，$V_c = 1.02 \times 10^5$ N
また，$V_s = 2.20 \times 10^5$ N
ゆえに，$V = V_c + V_s = 3.22 \times 10^5$ N
一方，最大せん断力は $0.7P$ となるから，せん断破壊荷重を P_S とすると
$P_S = 4.60 \times 10^5$ N

次に曲げ破壊荷重を求める．まず，引張側鉄筋の降伏が先行することを確認する．釣り合い鉄筋比 p_b は

$$p_b = \frac{\beta k_1 f_c' \varepsilon_{cu}'}{f_{sy}(\varepsilon_{cu}' + f_y/E_s)} = 5.22 \times 10^{-2}$$

一方，実際の引張側鉄筋比 p および圧縮側鉄筋比 p' はそれぞれ

$$p = \frac{A_s}{bd} = 4.00 \times 10^{-3}, \quad p' = \frac{A_s'}{bd} = 7.81 \times 10^{-4} \text{ となる．}$$

よって，$p - p' = 3.22 \times 10^{-3} < p_b$ となるため，引張側鉄筋が先に降伏する．
圧縮側鉄筋の合力を無視してもよいと考えると，中立軸の位置 x は

$$x = \frac{A_s f_y}{\beta k_1 f_c' b} = 34 \text{ mm}$$

よって，終局時の曲げモーメント M は

$$M = A_s f_y \left(d - \frac{\beta}{2} x \right) = 1.55 \times 10^8 \text{ Nmm}$$

一方，最大曲げモーメントは $1050P$ だから，曲げ破壊時の荷重を P_M とすると，
$$P_M = 1.48 \times 10^5 \text{ N}$$

よって，$P_S > P_M$ となり，この RC はりでは曲げ破壊が先行する．

第9章　使用限界状態におけるひび割れに対する検討

　コンクリート構造部材は，一般にコンクリートの引張応力を無視して，引張応力は鉄筋が受け持つように設計されている．したがって，部材の引張側に曲げひび割れが発生しているのが普通である．しかし，過大なひび割れは，コンクリート構造部材にとって，鋼材腐食による耐久性の低下，水密性や気密性の低下，過大な変形を生じるほか，美観が著しく損なわれるなどの不都合を生じる可能性があるので，示方書ではこれをさけるため以下のような規定を設けている．

(1) コンクリートに発生するひび割れが構造物の機能，耐久性および美観等の使用目的を損なわないことを，適切な方法によって検討しなければならない．
(2) 耐久性に対するひび割れの検討は，コンクリート表面のひび割れ幅を，環境条件，かぶり，供用期間等から定まる鋼材腐食に対する許容ひび割れ幅以下に制御することを原則とする．
(3) 水密性が重要な場合には，適切な方法によって，ひび割れに対する検討を行わなければならない．
　　この場合，必要とされる水密性に対し問題がないと考えられる許容ひび割れ幅を設定して，(2)に準じたひび割れ幅の検討を行ってもよい．
(4) 構造物の美観が重要な場合には，美観上問題がないと考えられる許容ひび割れ幅を設定して，(2)に準じたひび割れ幅の検討を行ってもよい．

ひび割れに対する検討は，まず鉄筋コンクリート構造物あるいは部材がおかれる環境条件に対応した許容ひび割れ幅 w_a を設定し，次に曲げひび割れ幅 w の計算を行い，この値が許容ひび割れ幅以下であることを確かめることである．
　すなわち，次式が成立することを確かめればよい．

$$w \leqq w_a \tag{9.1}$$

　ただし，永久荷重によって生じる鉄筋応力度が示方書に与えられた値より小さい場合，ひび割れ幅についての検討は省略してよいことになっている．

9.1 環境条件の区分および許容ひび割れ幅

示方書では，鋼材の腐食に対する環境条件は一般に**表9.1**に示すように3つの環境条件に区分し，区分に対応して**表9.2**に示す許容ひび割れ幅を設定している．**表9.2**で腐食性環境および特に厳しい腐食性環境の場合に，PC鋼材に対し許容ひび割れ幅を設定していないのは，プレストレストコンクリートではプレストレスにより曲げひび割れの発生を許さない制御が可能であること，PC鋼材の腐食に対しては特に配慮を必要とする等を考慮したためである．したがって，このような環境下では，一般にひび割れの発生を許さない設計を行うことが望ましいからである．

表9.1 鋼材の腐食に対する環境条件の区分 [1]

一般の環境	塩化物イオンが飛来しない通常の屋外の場合，土中の場合等
腐食性環境	1. 一般の環境に比較し，乾湿の繰返しが多い場合およびとくに有害な物質を含む地下水位以下の土中の場合等鋼材に有害な影響を与える場合等 2. 海洋コンクリート構造物で海水中やとくに厳しくない海洋環境にある場合等
とくに厳しい腐食性環境	1. 鋼材の腐食に著しく有害な影響を与える場合等 2. 海洋コンクリート構造物で干満帯や飛沫帯にある場合および激しい潮風を受ける場合等

表9.2 許容ひび割れ幅 w_a (mm) [1]

鋼材の種類	鋼材の腐食に対する環境条件		
	一般の環境	腐食性環境	とくに厳しい腐食性環境
異形鉄筋 普通丸鋼	$0.005c$	$0.004c$	$0.0035c$
PC鋼材	$0.004c$	—	—

c：かぶり(mm)

9.2 曲げひび割れの検討

コンクリート部材に生じるひび割れの主要なものは，曲げモーメントによるものである．したがって，ひび割れの限界状態に対する検討は式(9.1)に示すように曲げひび割れ幅が許容ひび割れ幅以下であることを確かめればよい．

示方書では以下のような考え方で曲げひび割れ幅の算定式を採用している．

(a) 鉄筋コンクリートばり

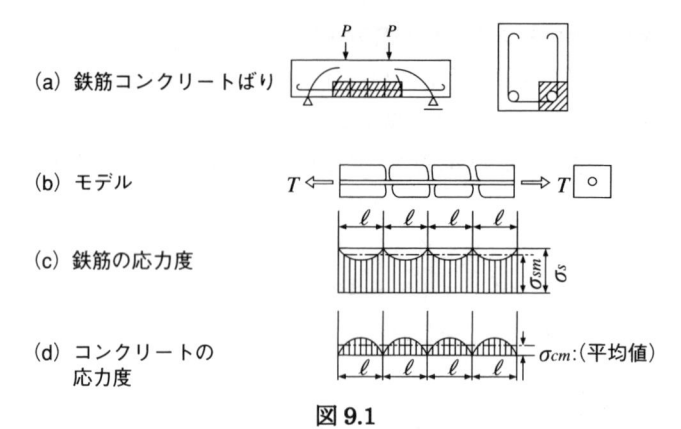

(b) モデル

(c) 鉄筋の応力度

(d) コンクリートの応力度　　σ_{cm}：(平均値)

図 9.1

図 9.1（a）に示すように鉄筋コンクリートばりに曲げモーメントが作用するとコンクリートは引張強度が小さいので，引張側コンクリートに曲げモーメントによるひび割れが発生し，曲げモーメントの増大に伴いひび割れが増加し，ひび割れ間隔は減少する．曲げひび割れは，図 9.1（b）に示すような引張鉄筋を取り囲むはりの引張部分を取り出した長方形断面の両引き試験体に生じたひび割れに相当する．両引き試験により生じたひび割れ間隔を ℓ，ひび割れ幅を w とすると，このひび割れ幅 w はひび割れを中心とする区間 ℓ の鉄筋とコンクリートの伸びの差と考えることができる．

したがって，

$$w = \ell\varepsilon_{sm} - \ell\varepsilon_{cm} = \ell(\varepsilon_{sm} - \varepsilon_{cm}) \tag{9.2}$$

ここに，ε_{sm}：ひび割れ間の鉄筋の平均ひずみ
　　　　ε_{cm}：ひび割れ間のコンクリートの平均ひずみ

鉄筋断面積を A_s，ひび割れ位置での鉄筋応力度を σ_s とすると，ひび割れ部では鉄筋のみで引張力を受け持つので，

$$P = \sigma_s A_s \tag{9.3}$$

一方,ひび割れ間では付着があるためにコンクリートが引張力の一部を受け持つので,

$$P = \sigma_{sm} A_s + \sigma_{cm} A_c \tag{9.4}$$

ここに, σ_{sm} : ひび割れ間の鉄筋の平均応力度
σ_{cm} : ひび割れ間のコンクリートの平均応力度
A_s : 鉄筋の断面積
A_c : コンクリートの有効断面積

式(9.3)および式(9.4)より,

$$\sigma_{sm} A_s = \sigma_s A_s - \sigma_{cm} A_c \tag{9.5}$$

$$\therefore \varepsilon_{sm} = \frac{\sigma_{sm}}{E_s} = \frac{\sigma_s - \sigma_{cm} A_c / A_s}{E_s}$$

$$= \frac{\sigma_s}{E_s} \left(1 - \frac{\sigma_{cm}}{\sigma_s p} \right) \tag{9.6}$$

ここに, E_s : 鉄筋のヤング係数
$p = A_s / A_c$ (鉄筋比)

ε_{sm} と σ_s との関係式(9.6)より,ひび割れ位置での鉄筋のひずみと応力度の関係は図9.2に示すようになる.

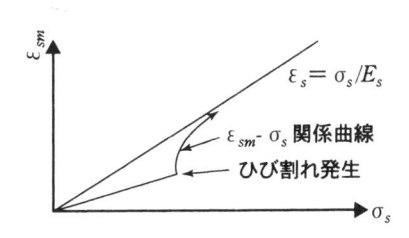

図9.2 ひび割れ位置でのひずみと応力度の関係図

図 9.2 からわかるように ε_{sm} は σ_s の増大に伴い，ひび割れが発生し，ひび割れ発生後 $\varepsilon_s = \sigma_s / E_s$ に近づく．示方書では，安全のために式 (9.6) の $\sigma_{cm}/\sigma_s \cdot p$ を 0 とし，式 (9.2) の $(-\varepsilon_{cm})$ の代わりに ε'_{csd} として供用時までのコンクリートの乾燥収縮ひずみおよびクリープによるひび割れ幅の増加を考慮している．したがって，式 (9.2) は次式となる．

$$w = \ell(\varepsilon_{sm} - \varepsilon_{cm}) = \ell\left(\frac{\sigma_s}{E_s} + \varepsilon'_{csd}\right) \qquad (9.7)$$

ひび割れ間隔については，今日までの研究成果を参考にして次式を採用している．

$$\ell = 4c + 0.7(c_s - \phi) \qquad (9.8)$$

結局，示方書で定めている曲げひび割れの検討は，一般に式 (9.9) によって求めたひび割れ幅 w が表 9.2 に示される許容ひび割れ幅 w_a 以下であることを確かめればよい．

$$w = 1.1 k_1 k_2 k_3 \{4c + 0.7(c_s - \phi)\}\left\{\frac{\sigma_{se}}{E_s}\left(または \frac{\sigma_{pe}}{E_p}\right) + \varepsilon'_{csd}\right\} \qquad (9.9)$$

ここに，k_1：鋼材の表面形状がひび割れ幅に及ぼす影響を表す係数で，一般に，異形鉄筋の場合に 1.0 普通丸鋼および PC 鋼材の場合に 1.3 としてよい．

k_2：コンクリートの品質がひび割れ幅に及ぼす影響を表す係数で，式 (9.10) による．

$$k_2 = \frac{15}{f'_c + 20} + 0.7 \qquad (9.10)$$

f'_c：コンクリートの圧縮強度(N/mm²)，一般に，設計圧縮強度 f'_{cd} を用いてよい．

k_3：引張鋼材の段数の影響を表す係数で，式 (9.11) による．

$$k_3 = \frac{5(n+2)}{7n+8} \qquad (9.11)$$

n ：引張鋼材の段数

c ：かぶり(mm)

c_s ：鋼材の中心間隔(mm)

ϕ ：鋼材径(mm)

ε'_{csd} ：コンクリートの収縮およびクリープ等によるひび割れ幅の増加を考慮するための数値

σ_{se} ：鋼材位置のコンクリートの応力度が 0 の状態からの鉄筋応力度の増加量（N/mm²）

σ_{pe} ：鋼材位置のコンクリートの応力度が 0 の状態からの PC鋼材応力度の増加量（N/mm²）

例題 9.1 図示単鉄長方形断面において，曲げモーメント $M = 50\,\text{kN}\cdot\text{m}$ が作用するとき，曲げひび割れ幅 w を求めよ．また，その値を許容ひび割れ幅 w_a と比較してひび割れ安全度を検討せよ．

ただし，コンクリートの設計基準強度 $f'_{ck} = 30\,\text{N/mm}^2$，$A_s = 4-D29 = 2570\,\text{mm}^2$，$\varepsilon'_{csd} = 150 \times 10^{-6}$ とする．

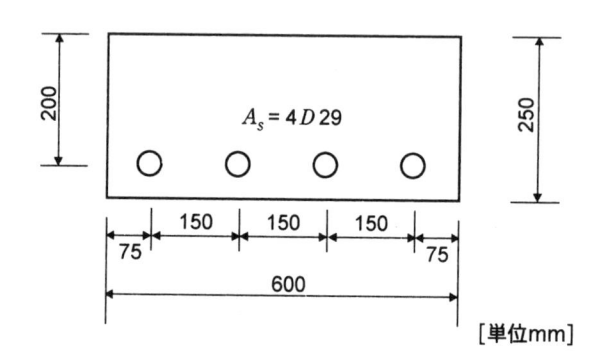

〔解答〕

$p = A_s/bd = 2570/600 \times 200 = 0.021$

$f'_{ck} = 30\,\text{N/mm}^2$ より，$n = 7.1$，$f'_{cd} = 30/1.3 = 23.1\,\text{N/mm}^2$

$k = np\left\{-1 + \sqrt{1 + 2/(np)}\right\} = 7.1 \times 0.021\left\{-1 + \sqrt{1 + 2/(7.1 \times 0.021)}\right\} \fallingdotseq 0.42$

$j = 1 - k/3 = 0.86$

$m = M/(bd^2) = 50 \times 10^6 /(600 \times 200^2) = 2.083 \fallingdotseq 2.08\,\text{N/mm}^2$

$\sigma_s = m/pj = 2.08/(0.021 \times 0.86) = 115.171 \fallingdotseq 115.2\,\text{N/mm}^2$

$c = h - d - \phi/2 = 250 - 200 - 29/2 = 35.5\,\text{mm}$

$\ell = 4c + 0.7(c_s - \phi) = 4 \times 35.5 + 0.7 \times (150 - 29) = 226.7\,\text{mm}$

$w = 1.1 k_1 k_2 k_3 (\sigma_{se}/E_s + \varepsilon'_{csd}) \times \ell = 1.1 \times 1.0 \times 1.0 \times 1.0 \left(\dfrac{115.2}{200000} + 150 \times 10^{-6}\right) \times 226.7$

$= 0.181 \fallingdotseq 0.18\,\text{mm}$

a) 一般の環境　　　　　　$w_a = 0.005c = 0.005 \times 35.5 = 0.18 \text{ mm} = w = 0.18 \text{ mm}$
b) 腐食性環境　　　　　　$w_a = 0.004c = 0.004 \times 35.5 = 0.14 \text{ mm} < w = 0.18 \text{ mm}$
c) 特に厳しい腐食性環境　$w_a = 0.0035c = 0.0035 \times 35.5 = 0.12 \text{ mm} < w = 0.18 \text{ mm}$

以上より，このコンクリート構造部材は腐食性環境，特に厳しい腐食性環境の場合においては，ひび割れ幅が許容値を超えるので，このままでは使用限界状態に対する合格条件を満足しない．そのため，たとえば，より細径の鉄筋を使用することによってひび割れ幅を減少させ，$w \leq w_a$ となるようにする必要がある．

例題 9.2 単鉄筋長方形断面において，断面①と断面②の引張鉄筋はそれぞれ $3\text{-}D22(A_s = 1161\,\text{mm}^2)$, $6\text{-}D16(A_s = 1192\,\text{mm}^2)$ であり，両者の鉄筋量はほぼ等しい．この断面に曲げモーメント $S_e = S_p + k_2 S_r = 25\,\text{kN}\cdot\text{m}$ が作用するときの曲げひび割れ幅を計算し，その結果に基づいて鉄筋量をほぼ同一とした場合に曲げひび割れ幅に及ぼす鉄筋径，配置間隔の影響について検討せよ．ただし，コンクリートは $f'_{ck} = 24\,\text{N/mm}^2$ とし，ひび割れ幅の計算では $\varepsilon'_{csd} = 150 \times 10^{-6}$ とする．

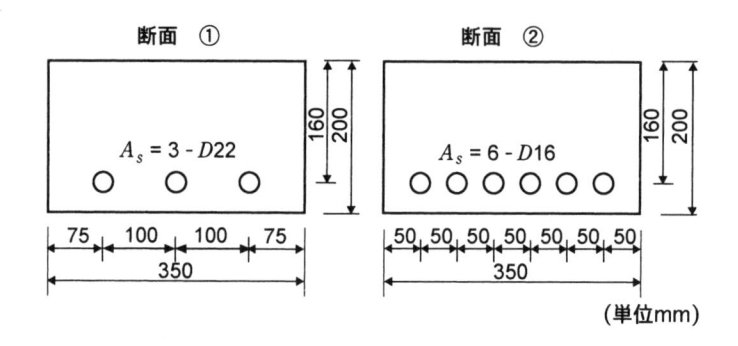

〔解答〕

$f'_{ck} = 24\,\text{N/mm}^2$ より，

$E_c = 25\,\text{kN/mm}^2 \qquad n = 200/25 = 8.0 \qquad f'_{cd} = 24/1.3 = 18.5\,\text{N/mm}^2$

断面① $(A_s = 3\text{-}D22)$

$p = A_s/bd = 1161/(350 \times 160) = 0.0207 \qquad np = 0.166$

$k = -np + \sqrt{(np)^2 + 2np} = 0.434 \qquad j = 1 - k/3 = 0.855$

$\sigma_s = M/(A_s jd) = 25 \times 10^6 /(1161 \times 0.855 \times 160) = 157.4\,\text{N/mm}^2$

$c = h - d - \phi/2 = 200 - 160 - 22/2 = 29\,\text{mm}$

$\ell = 4c + 0.7(c_s - \phi) = 4 \times 29 + 0.7(100 - 22) = 170.6\,\text{mm}$

$w = 1.1 k_1 k_2 k_3 (\sigma_{se}/E_s + \varepsilon'_{csd})\ell = 1.1 \times 1.0 \times 1.1 \times 1.0 (157.4/200 \times 10^3 + 150 \times 10^{-6}) \times 170.6$
$= 0.194$ mm

断面② ($A_s = 6\text{-}D16$)

$p = 1192/(350 \times 160) = 0.0213$　　　　　$np = 0.170$

$k = -0.170 + \sqrt{(0.170)^2 + 2 \times 0.170} = 0.437$　　　　　$j = 1 - k/3 = 0.854$

$\sigma_s = 25 \times 10^6 /(1192 \times 0.854 \times 160) = 153.5$ N/mm²
$c = 200 - 160 - 16/2 = 32$ mm　　　　　$\ell = 4 \times 32 + 0.7(50 - 16) = 151.8$ mm
$w = 1.1 \times 1.0 \times 1.1(153.5/200 \times 10^3 + 150 \times 10^{-6}) \times 151.8 = 0.168$ mm

　断面①と同様な計算を行うと，ひび割れ幅は $w = 0.168$ mm
　以上から，鉄筋量 A_s が同じ場合，断面②のように細径の鉄筋を使用して鉄筋の配置間隔 c_s を狭くすると，曲げひび割れ幅が減少することがわかる．

第10章 疲労限界状態における疲労に対する安全性の検討

疲労荷重（繰返し荷重）を受ける構造物としては，道路，鉄道などの橋梁および海洋構造物などがある．これらの構造物は交通車両，列車，波浪などによりかなりの回数の繰返し荷重を受ける．これらの繰返し荷重に対し破壊しないように設計しておくことはきわめて重要なことである．

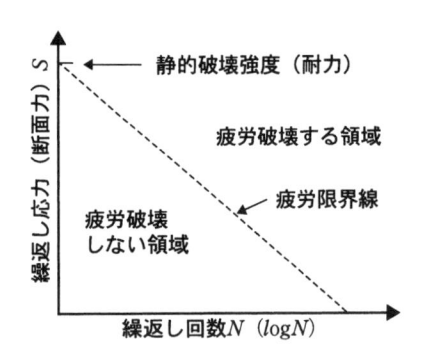

一般に材料は，静的強度よりも十分小さい応力であっても繰返し荷重が作用すると破壊に至る．この破壊を疲労破壊と呼んでいる．疲労破壊の強度や耐力は，静的破壊強度より小さく，図10.1に示すような繰返し応力（断面力）S と疲労破壊に達する繰返し回数 N の関係（$S-N$線図）で表わされる．

図 10.1 疲労破壊の概要（$S-N$線図）

10.1 安全性の検討方法

疲労に対する安全性の検討方法には，二つの方法がある．

① 橋梁などを対象とする場合
　作用断面力（振幅表示）の断面疲労耐力（振幅表示）に対する比を許容値（$1/\gamma_i$）以下とする方法

$$S_{rd}/R_{rd} \leq 1/\gamma_i \tag{10.1}$$

R_{rd}：断面の設計疲労耐力　　　S_{rd}：設計作用断面力
$R_{rd} = R_r(f_{rd})$　（f_{rd} を用いて求めた断面の疲労耐力）$/\gamma_b$
γ_i：構造物係数

② 海洋構造物などを対象

疲労被害の蓄積の程度を示すインデックスの値を許容値（$1/\gamma_i$）以下とする方法

$$M = \sum R_i = \sum \left(\frac{n_i}{N_i}\right) \leqq \frac{1}{\gamma_i} \tag{10.2}$$

M：疲労損傷度（累積繰返し回数比，あるいはマイナーの和）
R_i：i 番目の作用断面力（または作用応力度）での繰返し回数比
n_i：i 番目の作用断面力（または応力度）における繰返し回数
N_i：$S-N$ 線図から求められる i 番目の断面力（あるいは応力度）における疲労寿命
γ_i：構造物係数

疲労の蓄積に関する被害則としては，現在のところマイナー則（累積損傷理論）が用いられている．マイナー則とは，任意の大きさの断面力（あるいは応力）（$i=1,2,3,\cdots,m$）の一定繰返し断面力（あるいは応力）による疲労寿命が，それぞれ N_i（$i=1,2,3,\cdots,m$）であるとき，実際に作用する断面力 S_{ri}（あるいは応力度 σ_{ri}）による疲労損傷は n_i / N_i となる．その結果，すべての S_{ri}（あるいは応力度 σ_{ri}）（$i=1,2,3,\cdots,m$）による累積疲労損傷が 1 になったとき疲労破壊を生じる，というものである．

10.2　コンクリートの疲労強度

一定応力の繰返しによるコンクリートの疲労強度は，縦軸に応力または応力比（載荷応力と静的強度の比）をとり，横軸に破壊までの繰返し回数 N を対数目盛でプロットする．この破壊までの繰返し回数は疲労寿命と呼ばれ，次式のような

$S-N$ 線式が用いられている.

$$\log N = k\left(\frac{1-S_o/f_k}{1-S_u/f_k}\right) = k\left(1-\frac{S_r}{1-S_u/f_k}\right) \quad (10.3)$$

ここに, S_o : 作用上限応力
S_u : 作用下限応力
S_r : $(S_o - S_u)/f_k$
k : 片対数グラフ上での $S-N$ 曲線の勾配に関する定数
f_k : 静的強度

　この式は,圧縮・引張り・曲げのいずれに対しても用いてよいものであるが,圧縮疲労以外のデータは,圧縮疲労のデータに比べて少ない.

　示方書では,式(10.3)の静的強度 f_k の代わりに,コンクリートの圧縮,曲げ圧縮,引張りおよび曲げ引張りの設計強度 f_d を用いて,既往の試験結果より,生存確率が 95% になるように K の値を求めている.この結果は,図 10.2 に示すように,コンクリートの種類や含水状態を考慮した設計疲労強度 f_{crd} として,次式を用いることとしている.

$$f_{crd} = k_1 f_{cd}\left(1-\sigma_{cp}/f_{cd}\right)\left(1-\frac{\log N}{K}\right) \quad (N \leq 2\times 10^6) \quad (10.4)$$

ここに, f_{crd} : コンクリートの設計疲労強度
f_{cd} : コンクリートのそれぞれの設計強度で,材料係数を $\gamma_c = 1.3$ としてよい.
σ_{cp} : 永久荷重によるコンクリートの応力度(交番荷重では 0)
N : 疲労寿命(疲労破壊に至るまでの繰返し回数)
K : $K=10$(普通コンクリートで継続してあるいはしばしば水で飽和される場合および軽量骨材コンクリートの場合)
　　$K=17$(その他の一般の場合)
k_1 : $k_1=0.85$(圧縮および曲げ圧縮の場合)
　　$k_1=1.0$(引張および曲げ引張の場合)

　また,式(10.4)は次式のようにもかける.

$$\log N = k\left(1 - \frac{f_{crd}}{f_{cd} - \sigma_{cp}}\right)$$

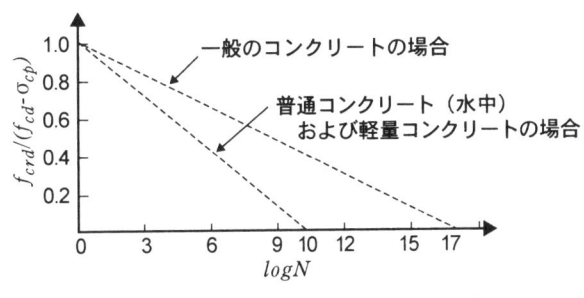

図 10.2 コンクリートの $S-N$ 線図 [1]

10.3 鉄筋の疲労強度

鉄筋の場合もコンクリートの場合と同様，その疲労強度は，応力振幅のほかに最大または最小応力度の影響を受けるが，その影響は小さいことが認められており，鉄筋の疲労強度と疲労破断までの載荷回数との関係は次式となる．（図 10.3 参照）

$$\log\{f_{srd}/(1 - \sigma_{sp}/f_{ud})\} = A - B\log N \tag{10.5}$$

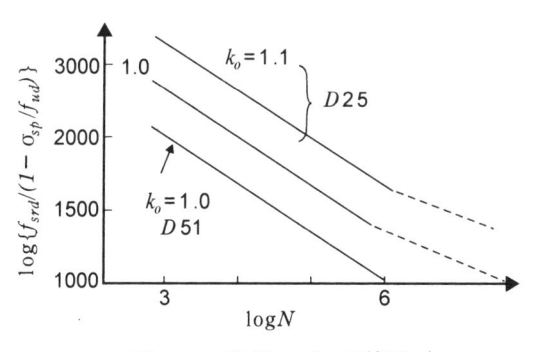

図 10.3 鉄筋の $S-N$ 線図 [1]

また，鉄筋の疲労強度は，直径が大きくなるにつれて次第に低下していくので，それを考慮して，示方書では異形鉄筋の疲労強度算定式として式 (10.6) を与えている．

$$f_{srd} = 190\left(1 - \sigma_{spd}/f_{ud}\right)\left(10^{\alpha}/N^k\right)/\gamma_s \qquad (10.6)$$

ただし，$N \leqq 2 \times 10^6$

ここに，f_{srd}：鉄筋の設計疲労強度（N/mm²）

σ_{spd}：鉄筋に作用する最小応力度

f_{ud}：鉄筋の設計引張強度

$k = 0.12$

$\alpha = k_o \ (0.81 \sim 0.003\,\phi)$

ϕ：鉄筋直径（呼び径，mm）

γ_s：鉄筋の疲労強度に関する材料係数，一般に 1.05 としてよい．

k_o：鉄筋のふしの形状に関する係数，一般に 1.0 としてよい．

なお，式 (10.6) は，破壊までの繰返し回数が 200 万回程度以下の実験データに基づいて求めたものである．それ以上の繰返し回数では，勾配が小さくなるので，設計ではこの範囲の勾配をそれ以前の 1/2 程度とするのが，実用的と考えられている．また，ガス圧設部の設計強度は，一般に母材の 70%とし，溶接により組立てを行う鉄筋および折曲鉄筋の設計疲労強度は，母材の 50%としてよい．

10.4 はりの曲げ疲労

橋梁などの鉄筋コンクリートばりに，繰返し曲げモーメントが作用すると，繰返し作用により，曲げ疲労破壊を起こすことがある．はりの曲げ疲労破壊は，引張鉄筋あるいは圧縮側コンクリートの疲労破壊によって生じる．また，鉄筋やコンクリートの疲労強度は，10.2，10.3 で述べたように，鉄筋あるいはコンクリートが受ける応力の大きさに左右される．したがって，部材に作用する疲労荷重の大きさがわかれば，鉄筋あるいはコンクリートに生じる応力度（あるいは断面力）

を求めることができる．ここでは，弾性理論を用いて鉄筋やコンクリートの応力度を計算する．

図 10.4 に示す単鉄筋長方形断面に，設計疲労荷重による曲げモーメント M_{rd} が作用する場合の疲労破壊に対する安全性の検討方法を以下に述べる．

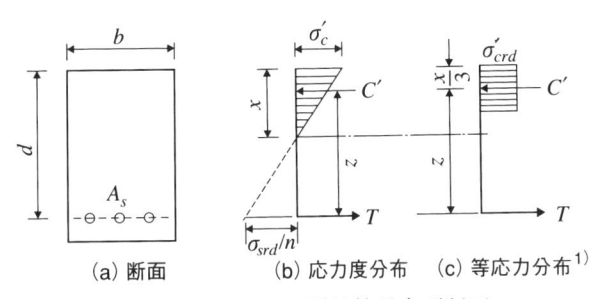

(a) 断面　　(b) 応力度分布　(c) 等応力分布[1)]

図 10.4　単鉄筋長方形断面

(1) 引張鉄筋の疲労破断に対する安全性の検討

引張鉄筋の応力度 σ_{srd} は

$$\sigma_{srd} = \frac{M_{rd}}{A_s z} \tag{10.7}$$

ここに，A_s：引張鉄筋の断面積

z：圧縮合力 C' と引張力 T の作用点間距離

M_{rd}：設計疲労荷重による設計曲げモーメント，

$M_{rd} = \gamma_a M_r(F_{rd})$

γ_a：構造物解析係数，一般に 1.0 としてよい

使用鉄筋の設計疲労強度 f_{srd} は式 (10.6) により計算できるので，疲労破断に対する安全性は式 (10.1) より，次のようになる．

$$\frac{f_{srd}}{\sigma_{srd}} \geq \gamma_i \tag{10.8}$$

ここに，γ_i：構造物係数，一般に 1.0 としてよい．

また，曲げ疲労に対する安全性の検討を断面力によって行う場合は，以下のようにする．まず，断面の疲労耐力 M_{srd} を求める．これには，式 (10.7) の σ_{srd} のかわりに引張鉄筋の設計疲労強度 f_{srd} を用い，部材係数 γ_b を考慮すればよい．

すなわち，M_{srd} は次式のようになる．

$$M_{srd} = \frac{A_s f_{srd} z}{\gamma_b} \tag{10.9}$$

ここに，γ_b：部材係数，一般 1.0〜1.1 とする．

これより，式 (10.1) の断面力による疲労限界状態の検討式を用いて，

$$\frac{M_{srd}}{M_{rd}} \geqq \gamma_i \tag{10.10}$$

ここに，$M_{rd} = \gamma_a M_r(F_{rd})$：設計疲労荷重による設計曲げモーメント
γ_a：構造物解析係数，一般に 1.0 としてよい

(2) コンクリートの曲げ圧縮疲労破壊に対する安全性の検討

鉄筋コンクリートはりが圧縮側コンクリートの疲労によって破壊する場合，引張鉄筋の疲労破断の検討とは異なり，部材圧縮側の応力勾配（応力分布形状）に注意する必要がある．

示方書[1])では「変動荷重によるコンクリートの曲げ応力度は弾性理論に基づいて算定した矩形応力分布の応力度としてよい」と規定している．**図 10.4** に示すように，合力位置が同じとする圧縮側コンクリートの圧縮力 C' は，

$$\text{三角形の応力分布の場合}: C' = \frac{\sigma_c' bx}{2} \tag{10.11}$$

$$\text{矩形の応力分布の場合}: C' = \frac{2\sigma_{crd}' bx}{3} \tag{10.12}$$

これより，矩形応力分布に対する応力度 σ_{crd}' は，上式を等しいとおいて，

$$\sigma_{crd}' = \frac{3\sigma_c'}{4} \tag{10.13}$$

M_{rd} が作用した場合の σ'_c は，

$$\sigma'_c = \frac{2M_{rd}}{bxz} \qquad (10.14)$$

であるから，式（10.14）より σ'_{crd} が計算できる．

$$\sigma'_{crd} = \frac{3M_{rd}}{2bxz} \qquad (10.15)$$

よって，コンクリートの曲げ圧縮疲労破壊に対する安全性は，応力度による疲労限界状態の検討式（10.1）を用いて求められる．

$$\frac{f_{crd}}{\sigma'_{crd}} \geqq \sigma_i \qquad (10.16)$$

ここに，f_{crd}：コンクリートの設計圧縮疲労強度，式（10.4）による
γ_i：構造物係数，一般に 1.0 としてよい

また，断面力によってもコンクリートの曲げ圧縮疲労破壊に対する安全性を検討することができる．引張鉄筋の場合と同様に，コンクリートの設計圧縮疲労強度 f_{crd} から断面の疲労耐力 M_{crd} を求め，設計疲労荷重による曲げモーメント M_{rd} と比較するものである．

10.5 はりのせん断疲労
(1) せん断補強鉄筋を用いない部材のせん断疲労耐力

せん断補強鉄筋のない部材としては，フーチング，擁壁，スラブなどがある．これらの部材は，一般にせん断疲労を受けることはないが，とくに疲労が問題となる場合，示方書では以下のように取り扱うことを規定している．

1) せん断補強鉄筋を用いない棒部材の設計せん断疲労耐力

示方書では，せん断補強鉄筋を用いない棒部材の設計せん断疲労耐力 V_{rcd} は，一般に式（10.17）により求めてもよいとしている．

$$V_{rcd} = V_{cd}\left(1 - \frac{V_{pd}}{V_{cd}}\right)\left(1 - \frac{\log N}{11}\right) \qquad (10.17)$$

ここに, V_{cd} :終局限界状態で用いられるせん断補強鉄筋のない棒部材の設計せん断耐力で,式(8.7)による
V_{pd} :永久荷重による設計せん断力の設計用値
N :疲労寿命

2) 鉄筋コンクリートスラブの設計押抜きせん断疲労耐力

道路橋のスラブに輪荷重が繰返し作用する場合,柱とスラブの結合部あるいはフーチングなどに局部に大きな繰返し荷重が作用する場合などでは,押抜きせん断疲労破壊に対する安全性の検討が必要となる.

示方書では,面部材としての鉄筋コンクリートの設計押抜きせん断疲労耐力 V_{rpd} は,一般に式(10.18)により求めてよい.

$$V_{rpd} = V_{pcd}\left(1 - \frac{V_{pd}}{V_{pcd}}\right)\left(1 - \frac{\log N}{14}\right) \qquad (10.18)$$

ここに, V_{pcd} は

$$V_{pcd} = \frac{\beta_d \beta_p \beta_r f'_{pcd} u_p d}{\gamma_b}$$

$f'_{pcd} = 0.20\sqrt{f'_{cd}}$ (N/mm²) ただし, $f'_{pcd} \leq 1.2$ N/mm²

$\beta_d = \sqrt[4]{1/d}$ (d : m) ただし, $\beta_p > 1.5$ となる場合は 1.5 とする

$\beta_p = \sqrt[3]{100p}$ ただし, $\beta_p > 1.5$ となる場合は 1.5 とする.

$\beta_r = 1 + 1/(1 + 0.25u/d)$

ここに, f'_{cd} :コンクリートの設計圧縮強度で,単位は(N/mm²)である
u :載荷面の周長
u_p :設計断面の周長で,載荷面から $d/2$ 離れた位置で算定す

るものとする．

d および p：有効高さおよび鉄筋比で，二方向の鉄筋に対する平均値
とする．

γ_b：一般に 1.3 としてよい

(2) せん断補強鉄筋を用いた部材のせん断疲労耐力

疲労が問題となるような部材には，一般にせん断補強鉄筋が用いられているので，その疲労破断に対する安全性を検討する必要がある．はりに繰返し荷重が作用すると，その回数とともに，コンクリートが受け持つせん断力が減少し，その代わりせん断補強鉄筋の応力度が次第に増加する．示方書では，せん断補強鉄筋の応力度は，一般に式（10.19）および式（10.20）により求めてよいとしている．

$$\sigma_{wrd} = \frac{(V_{pd} + V_{rd} - k_2 V_{cd})s}{A_w \cdot z(\sin\alpha_s + \cos\alpha_s)} \cdot \frac{V_{rd}}{V_{pd} + V_{rd} + V_{cd}} \qquad (10.19)$$

$$\sigma_{wpd} = \frac{(V_{pd} + V_{rd} - k_2 V_{cd})s}{A_w \cdot z(\sin\alpha_s + \cos\alpha_s)} \cdot \frac{V_{pd} + V_{rd}}{V_{pd} + V_{rd} + V_{cd}} \qquad (10.20)$$

ここに，σ_{wrd}：変動荷重によるせん断補強鉄筋の応力度

σ_{wpd}：永久荷重によるせん断補強鉄筋の応力度

V_{rd}：設計変動せん断力

V_{pd}：永久荷重作用時における設計せん断力

V_{cd}：せん断補強鉄筋を用いない棒部材の設計せん断耐力で，
式（8.7）による

k_2：変動荷重の頻度の影響を考慮するための係数で，一般に
0.5 としてよい

A_w：1 組のせん断補強鉄筋の断面積

s：せん断補強鉄筋の配置間隔

z：圧縮応力の合力の作用位置から引張鋼材図心までの距離で，
一般に $d/1.15$ としてよい

d：有効高さ

α_s：せん断補強鉄筋が部材軸となす角度

また，せん断補強鉄筋として鉛直スターラップと折曲鉄筋を併用する場合，それぞれの応力度を以下に示す式によって求めてよいとしている．

鉛直スターラップ：

$$\sigma_{wrd} = \cfrac{V_{pd} + V_{rd} - k_2 V_{cd}}{\cfrac{A_w z}{s} + \cfrac{A_b z (\cos\alpha_b + \sin\alpha_b)^3}{s_b}} \cdot \cfrac{V_{rd}}{V_{pd} + V_{rd} + V_{cd}} \quad (10.21)$$

$$\sigma_{wpd} = \cfrac{V_{pd} + V_{rd} - k_2 V_{cd}}{\cfrac{A_w z}{s} + \cfrac{A_b z (\cos\alpha_b + \sin\alpha_b)^3}{s_b}} \cdot \cfrac{V_{pd} + V_{cd}}{V_{pd} + V_{rd} + V_{cd}} \quad (10.22)$$

折曲鉄筋：

$$\sigma_{brd} = \cfrac{V_{pd} + V_{rd} - k_2 V_{cd}}{\cfrac{A_w z}{s(\cos\alpha_b + \sin\alpha_b)^2} + \cfrac{A_b z(\cos\alpha_b + \sin\alpha_b)}{s_b}} \cdot \cfrac{V_{rd}}{V_{pd} + V_{rd} + V_{cd}} \quad (10.23)$$

$$\sigma_{bpd} = \cfrac{V_{pd} + V_{rd} - k_2 V_{cd}}{\cfrac{A_w z}{s(\cos\alpha_b + \sin\alpha_b)^2} + \cfrac{A_b z(\cos\alpha_b + \sin\alpha_b)}{s_b}} \cdot \cfrac{V_{rd} + V_{cd}}{V_{pd} + V_{rd} + V_{cd}} \quad (10.24)$$

ここに，A_w：1組の鉛直スターラップの断面積

A_b：折曲鉄筋の断面積

s：鉛直スターラップの間隔

α_b：折曲鉄筋が部材軸となす角度

k_2：変動荷重の頻度の影響を考慮するための係数で，一般に 0.5 としてよい

せん断補強鉄筋の疲労破断に対する安全性の検討は，次式で行えばよい．

$$\gamma_i \sigma_{brd} / (f_{brd}/\gamma_b) \leq 1.0 \quad (10.25)$$

$$\gamma_i \sigma_{wrd} / (f_{wrd}/\gamma_b) \leq 1.0 \quad (10.26)$$

ここに，f_{brd}：折曲鉄筋の設計疲労強度
　　　　　　f_{wrd}：スターラップの設計疲労強度

　f_{brd} および f_{wrd} は，それぞれスターラップおよび折曲鉄筋の設計疲労強度であって，式 (10.6) で求められる鉄筋の設計疲労強度の 1/2〜2/3 とする必要がある．それは，せん断補強鉄筋の折曲部で起こりやすいこと，また，直線部で破断する場合でも，斜めひび割れの影響で破断部には曲げが作用しているからである．

例題 10.1 単鉄筋長方形断面 ($b=1000$ mm, $d=400$ mm, $A_s=6350$ mm²) において，変動荷重による曲げモーメント 200 kN・m に換算した等価繰返し回数 N_{eq} を求めよ．ただし，永久荷重による曲げモーメント M_p および変動荷重による曲げモーメント M_i とその繰返し回数 n_i は次のとおりとする．

$M_p = 100$ kN・m

$M_1 = 100$ kN・m, $n_1 = 10^8$ 回

$M_2 = 150$ kN・m, $n_2 = 10^7$ 回

$M_3 = 200$ kN・m, $n_3 = 10^6$ 回

$M_4 = 250$ kN・m, $n_4 = 10^5$ 回

鉄筋：D19(SD345)，コンクリート：$f'_{ck}=24$ N/mm²，$E_c = 25$ kN/mm²
安全係数：$\gamma_c=1.3$, $\gamma_s=1.0$, $\gamma_b=1.1$, $\gamma_a=1.0$, $\gamma_i=1.0$

〔解答〕

(1) 鉄筋の疲労破断の検討に用いる等価繰返し回数
$N_{eq} = N_3(n_1/N_1 + n_2/N_2 + n_3/N_3 + n_4/N_4)$

$\quad = n_1(N_3/N_1) + n_2(N_3/N_2) + n_3 + n_4(N_3/N_4)$

$$N_3/N_i = \left\{\frac{190(1-\sigma_{spd}/f_{ud})10^\alpha/\sigma_{s3}}{190(1-\sigma_{spd}/f_{ud})10^\alpha/\sigma_{si}}\right\}^{1/k}$$

$\quad = (\sigma_{si}/\sigma_{s3})^{1/k} = (M_i/M_3)^{1/k}$

ここに，$k=0.12$

$N_{eq} = 10^8\left(\dfrac{100}{200}\right)^{1/0.12} + 10^7\left(\dfrac{150}{200}\right)^{1/0.12} + 10^6 + 10^5\left(\dfrac{250}{200}\right)^{1/0.12}$

$= 10^6(0.310 + 0.910 + 1 + 0.642) = 2.86 \times 10^6$

(2) コンクリートの圧縮強度の疲労破壊の検討に用いる等価繰返し回数
$\sigma'_{cp} = (3/4)2M_p/(kjbd^2)$

ここに，

$p = A_s/(bd) = 6350/(1000 \times 400) = 0.0159$

$np = 8.4 \times 0.0159 = 0.134$

$k = np + \left(-1 + \sqrt{1 + 2/(np)}\right)$

$= 0.134\left(-1 + \sqrt{1 + 2/0.134}\right) = 0.401$

$j = 1 - k/3 = 1 - 0.401/3 = 0.866$

$\therefore \sigma'_{cp} = (3/4)2 \times 100 \times 10^6 / (0.401 \times 0.866 \times 1000 \times 400^2)$

$= 2.70 \text{ N/mm}^2$

また，変動荷重による応力度は

$\sigma'_{c1} = 2.70 \text{ N/mm}^2$

$\sigma'_{c2} = 4.05 \text{ N/mm}^2$

$\sigma'_{c3} = 5.40 \text{ N/mm}^2$

$\sigma'_{c4} = 6.75 \text{ N/mm}^2$

コンクリートの設計疲労強度として，次式を用いると，

$N_i = 10^{17(1 - \sigma'_{ci}/f'_{crd})}$

$\therefore N_3 / N_i = 10^{17(\sigma'_{ci} - \sigma'_{c3})f'_{crd}}$

ここに

$f'_{cd} = f'_{ck}/\gamma_c = 240/1.3 = 18.5 \text{ N/mm}^2$

$f'_{crd} = 0.85 f'_{cd} = (1 - \sigma'_{cp}/f'_{cd})$

$= 0.85 \times 18.5(1 - 2.70/18.5) = 13.4 \text{ N/mm}^2$

$\therefore n_1(N_3/N_1) = 10^8 \cdot 10^{17(2.70-5.40)/13.4} = 10^{4.57} = 0.038 \times 10^6$

$n_2(N_3/N_2) = 10^7 \cdot 10^{17(4.05-5.40)/13.4} = 10^{5.25} = 0.194 \times 10^6$

$n_4(N_3/N_4) = 10^5 \cdot 10^{17(6.75-5.40)/13.4} = 10^{6.71} = 5.16 \times 10^6$

$\therefore N_{eq} = (0.038 + 0.194 + 1 + 5.16) \times 10^6 = 6.39 \times 10^6$

例題 10.2

(1) 単鉄筋長方形断面 ($b = 400$ mm, $d = 630$ mm, $A_s = 2027$ mm²) において，$M_1 \sim M_3$ の3種類の大きさの変動荷重による曲げモーメントがそれぞれ以下に示す繰返し回数 $n_1 \sim n_3$ で作用するとき，変動曲げモーメント $M_3 = 150$ kN・m に換算した場合の等価繰返し回数 N_{eq} を求めよ．永久荷重による曲げモーメントは $M_p = 100$ kN・m とする．

$M_1 = 50$ kN・m ($n_1 = 10^8$ 回)，$M_2 = 100$ kN・m ($n_2 = 10^7$ 回)
$M_3 = 150$ kN・m ($n_3 = 10^6$ 回)

ただし，鉄筋は D25(SD345)，コンクリートは $f'_{ck} = 30$ N/mm² とし通常の気中環境条件におかれているものとする．

(2) (1)の諸条件のもとに，与えられた単鉄筋長方形断面の曲げ疲労限界状態に対する検討を行え．ただし，$\gamma_b = 1.1$, $\gamma_i = 1.0$ とする．

〔解答〕

(1) 等価繰返し回数

①鉄筋の疲労破断の検討に用いる N_{eq}

$$N_{eq} = n_1\left(\frac{M_1}{M_3}\right)^{\frac{1}{0.12}} + n_2\left(\frac{M_2}{M_3}\right)^{\frac{1}{0.12}} + n_3 = 10^8\left(\frac{50}{150}\right)^{\frac{1}{0.12}} + 10^7\left(\frac{100}{150}\right)^{\frac{1}{0.12}} + 10^6$$

$$= 10^6(0.011 + 0.341 + 1) = 1.352 \times 10^6$$

②コンクリートの圧縮疲労破壊の検討に用いる N_{eq}

永久荷重による応力度

$$p = \frac{A_s}{bd} = \frac{2027}{400 \times 630} = 0.00804 \quad n = 7.5 \quad k = \sqrt{(np)^2 + 2np} - np =$$

$$\sqrt{(7.5 \times 0.00804)^2 + 2 \times 7.5 \times 0.00804} - 7.5 \times 0.00804 = 0.292$$

$\sigma'_{cp} = (3/4) 2 M_p / kjbd^2 = 3/4 \times 2 \times 10 \times 10^5 / 0.292 \times 0.903 \times 400 \times 630^2 = 3.58$ N/mm²
変動荷重による応力度は

$\sigma'_{c1} = 1.79$ N/mm²，$\sigma'_{c2} = 3.58$ N/mm²，$\sigma'_{c3} = 5.37$ N/mm² になる．

$f'_{crd} = 0.85 f'_{cd}(1 - \sigma'_{cp}/f'_{cd})$ とおくと,

$N_i = 10^{17(1-\sigma'ci/f'crd)}$ $N_3/N_i = 10^{17(\sigma'ci-\sigma'c3)/f'crd}$

$\gamma_c = 1.3$ とすると,

$f'_{cd} = f'_{ck}/\gamma_c = 30/1.3 = 23.1$ $f'_{crd} = 0.85 \times 23.1 \times (1 - 3.58/23.1) = 16.59$ N/mm²

$n_1(N_3/N_1) = 10^8 \cdot 10^{17(1.79-5.37)/16.59} = 0.0215 \times 10^6$

$n_2(N_3/N_2) = 10^7 \cdot 10^{17(3.58-5.37)/16.59} = 0.147 \times 10^6$

$N_{eq} = (0.021 + 0.147 + 1) \times 10^6 = 1.17 \times 10^6$ 回

(2) 曲げ疲労破断に対する検討

①鉄筋の疲労破断に対する検討

$p = 0.00804$ $j = 0.903$

$\sigma_{sp} = M_p/A_s jd = 10 \times 10^7/2027 \times 0.903 \times 630 = 86.8$ N/mm²

$N_{eq} = 1.35 \times 10^6$ $\alpha = 0.82 - 0.003 \times 25 = 0.745$

$f_{ud} = f_{uk}/\gamma_s = 500/1.0 = 500$ N/mm²

$f_{srd} = 190(1 - \sigma_{sp}/f_{ud}) \times (10^{0.745}/N_{eq}^{0.12})/\gamma_s = 190(1 - 86.8/500)(10^{0.745}/(1.35 \times 10^6)^{0.12})/1.0$

 $= 152.8$ N/mm²

$\sigma_{srd} = M_3/A_s jd = 15 \times 10^7/2027 \times 0.903 \times 630 = 130.1$ N/mm²

$\gamma_i \sigma_{srd}/(f_{srd}/\gamma_b) = 1.0 \times 130.1/(152.8/1.1) = 0.94 \leqq 1.0$

 よって,安全である.

②コンクリートの圧縮疲労破壊に対する検討

$f'_{crd} = 0.85 f'_{cd}(1 - \sigma'_{cp}/f'_{cd})(1 - \log_{10} N_{eq}/17)$

$N_{eq} = 1.17 \times 10^6$ $f'_{cd} = 23.1$ N/mm² $\sigma'_{cp} = 3.58$ N/mm²

∴ $f'_{crd} = 10.67$ N/mm²

$\sigma'_{crd} = 5.37$ ∴ $\gamma_i \sigma'_{crd}/(f'_{crd}/\gamma_b) = 1.0 \times 5.37/(10.67/1.1) = 0.55 \leqq 1.0$

 よって,十分コンクリートは安全である.

第10章 疲労限界状態における疲労に対する安全性の検討

例題 10.3 下図のような繰返し曲げモーメントを受ける鉄筋コンクリートスラブの疲労限界に対し、次のような項目について検討せよ.

① σ'_c, σ_s を求めよ.

② 設計繰返し回数 $n_d = 2 \times 10^6$ に対する材料の疲労強度を求め、安全性を照査せよ.
（安全係数は、材料強度について、$\gamma_c = 1.3$, $\gamma_s = 1.0$, 疲労強度について $\gamma_b = 1.0$ $\gamma_i = 1.1$ とする.）

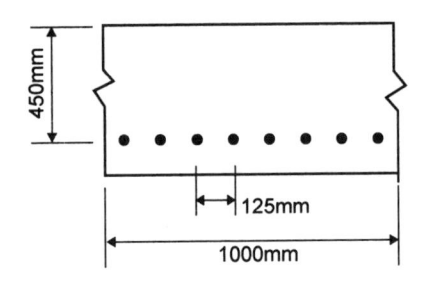

ただし、鉄筋 D32(SD345)

　　　コンクリート　$f'_{ck} = 24$ N/mm², $E_c = 25$ kN/mm²

　　　作用曲げモーメント（幅 1m 当り）

　　　$M_p = 150$ kN・m　（永久荷重）

　　　$M_{rd} = 200$ kN・m　（変動荷重）

〔解答〕

単鉄筋長方形断面として諸係数を求める．（幅 1000mm 当りで考える.）

$A_s = 8 \times \pi \cdot 3.2^2 / 4 = 6434$ mm²

$p = A_s / bd = 6434 / 450 \cdot 1000 = 0.0143$

$np = 8.4 \times 0.0143 = 0.1201$

$k = np\left(-1+\sqrt{1+2/np}\right) = 0.1201\left(-1+\sqrt{1+2/0.1201}\right) = 0.385$

$j = 1 - k/3 = 0.872$

$\sigma'_c = 2M/kjbd^2 = 2\cdot 150\times 10^6 / 0.385\times 0.872\times 1000\times 450^2 = 4.41 \text{ N/mm}^2$

$\sigma_s = M/A_s jd = 150\times 10^6 / 6434\cdot 0.872\cdot 450 = 59.41 \text{ N/mm}^2$

$f'_{cd} = f'_{ck}/\gamma_c = 24/1.3 = 18.46 \text{ N/mm}^2$

$\sigma'_{cp} = \dfrac{3}{4}\sigma'_c = \dfrac{3}{4}\cdot 4.41 = 3.31 \text{ N/mm}^2$

$f'_{crd} = f_{cd}(1-\sigma_{cp}/f_{cd})(1-\log N/K) = 18.46(1-33.1/18.46)(1-\log(2\times 10^6)/17$

$\quad = 9.54 \text{ N/mm}^2$

$\gamma_i \sigma'_{crd}/(f'_{crd}/\gamma_b) = 1.1\cdot 3.31/(9.54/1) = 0.3 \leqq 1.0$

∴コンクリートの圧縮疲労限界に対して十分安全である．

$f_{ud} = 500/1.05 = 499.9 \text{ N/mm}^2$

$\sigma_{sp} = 59.4 \qquad \alpha = (0.82 - 0.003\times 32) = 0.724$

$f_{srd} = 190(1-\sigma_{sp}/f_{ud})(10^\alpha/N^K)/\gamma_s = 190(1-59.4/500)(10^{0.724}/(2\times 10^6)^{0.12}/1.05$

$\quad = 112.3 \text{ N/mm}^2$

$\gamma_i \sigma_{srd}/(f_{srd}/\gamma_b) = 1.1\times 79.27/(112.32/1) = 0.776$

　　$0.776 \leqq 1$ 　　　だから安全である．

第11章　一般構造細目

鉄筋コンクリートおよびプレストレストコンクリート構造物の設計において，部材断面の寸法，配筋量などは断面設計により決定される．しかし，その断面が十分機能するためには構造設計では表せない鉄筋のかぶりや定着長さなどの細かい事項についても配慮する必要がある．なお，部材の種類や構造別に構造細目が定められている場合には，その構造細目にも従わなければならない．

本章では，コンクリート標準示方書に規定されている一般的な構造細目について述べる．

11.1　鉄筋のかぶり

鉄筋のかぶりとは，最も外側にある鉄筋の表面とコンクリート表面の最短距離である．かぶりは，コンクリート中の鉄筋が十分な付着強度を発揮するため，鉄筋腐食防止のため，火災に対して鉄筋を保護するため等に必要である．したがって，かぶりは設計者が経験をもとにして，コンクリートの品質，鉄筋の直径，構造物の環境条件および重要度，部材の寸法，施工誤差等を考慮して適切に定める必要がある．

(1)　かぶりの最小値

かぶりの最小値は，式(11.1)による値とする．ただし，鉄筋直径以上としなければならない．

$$c_{min} = \alpha \cdot c_0 \tag{11.1}$$

ここに，c_{min}：最小かぶり

α：コンクリートの設計基準強度f'_{ck}に応じ，次の値とする．

$f'_{ck} \leq 18 \text{ N/mm}^2$の場合　$\alpha=1.2$

$18 \text{ N/mm}^2 < f'_{ck} < 34 \text{ N/mm}^2$の場合　$\alpha=1.0$

$34 \text{ N/mm}^2 \leq f'_{ck}$の場合　$\alpha=0.8$

c_0：基本のかぶりで，部材の種類に応じて**表 11.1**の値とする．

かぶりはあまり大きく取りすぎると設計上実用的ではないことから，**表 11.1** に示した c_0 の値は許容できる最小値が示されている．よって，この値を用いて設計を行った場合には，使用材料および施工には特に注意し，欠陥のないものとしなければならない．また，定期的な点検を行う必要がある．

表 11.1 c_0 の値（mm）[1]

環境条件	部材 スラブ	はり	柱
一般の環境	25	30	35
腐食性環境	40	50	60
特に厳しい腐食性環境	50	60	70

(2) 一般現場施工の場合のかぶり

一般の現場施工において，完成後の点検および補修が困難と考えられる場合には，かぶりは構造物の種類にかかわらず，「腐食性環境」の場合で 75mm 以上，「特に厳しい腐食性環境」の場合で 100mm 以上とするのが望ましい．また，施工条件が悪く，良質な施工が行えないと考えられる場合や構造物の耐用年数が特に長い場合には，かぶりをさらに大きくする必要がある．工場製品の場合には，**表 11.1** に示したかぶりの値を 20％まで低減できることにしているが，十分な耐食性を必要とする場合には低減は行わないのが望ましい．

異形鉄筋を束ねて配置する場合は，束ねた鉄筋をその断面積の和に等しい断面積の 1 本の鉄筋と考えて鉄筋直径を求めてよい．

(3) その他の場合

その他の場合については，下記のように定められている．

① 防せい効果の確認された特殊鉄筋を用いる場合および品質の確認された保護層を設ける場合には，環境条件を一般の環境と考えて，かぶりを定めてよい．

② フーチングおよび構造物の重要な部材で，コンクリートが地中に直接打ち込まれる場合のかぶりは 75mm 以上とするのがよい．

③ 水中で施工する鉄筋コンクリートで，水中不分離性コンクリートを用いない

場合のかぶりは 100mm 以上とするのがよい.
④ 流水その他によるすりへりのおそれのある部分では，かぶりを割り増すことで対処するのがよい.
⑤ 酸性河川中の場合および強い化学作用を受ける場合は，保護層等で対処するのがよい.
⑥ 耐火性を必要とする構造物のかぶりは，火熱の温度，継続時間，用いる骨材の性質等を考え，コンクリート標準示方書［施工編］の 6.4.9 に定める耐火性の照査に合格するように，これを定めなければならない．ただし，表 11.1 中の一般の環境の値に 20mm 程度を加えた値をかぶりの最小値とすれば，耐火性の照査を省略してよい．

11.2 鉄筋のあき

互いに隣り合って配置されて鉄筋の純間隔を鉄筋のあきという．鉄筋のあきおよびかぶりを図 11.1 に示す．鉄筋のあきは，コンクリートの打込み，締固めが十分に行えるように，また，鉄筋とコンクリートとの付着力が十分に発揮されるように，適切な値を定めなければならない．このためには，以下に述べる事項について注意しなければならない．
① はりにおける軸方向鉄筋の水平のあきは，20mm 以上，粗骨材の最大寸法の 4/3 倍以上，鉄筋の直径以上としなければならない．また，コンクリート締固めに用いる内部振動機を挿入するために，水平のあきを適切に確保しなければならない．2 段以上に軸方向鉄筋を配置する場合，一般にその鉛直のあきは 20mm 以上で，鉄筋直径以上とする（図 11.1 参照）．
② 柱における軸方向鉄筋のあきは 40mm 以上，粗骨材の最大寸法の 4/3 倍以上，かつ鉄筋直径の 1.5 倍以上とする．
③ 直径 32mm 以下の異形鉄筋を用いる場合で，複雑な鉄筋の配置により，十分な締固めが行えない場合は，はりおよびスラブ等の水平の軸方向鉄筋は 2 本ずつを上下に束ね，柱および壁等の鉛直軸方向鉄筋は，2 本または 3 本ずつを束ねて，これを配置してもよい（図 11.2 参照）．

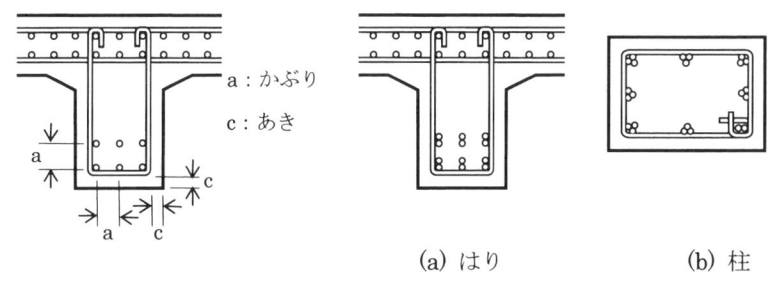

図 11.1 鉄筋のあきおよびかぶり[1]　　**図 11.2** 束ねて配置する鉄筋[1]

11.3 鉄筋の曲げ形状

鉄筋はフック，スターラップ，折曲鉄筋の端部のように曲げ加工して用いられることが多い．曲げ加工を行う際は，鉄筋の材質を損なわないように加工する必要がある．そのため，鉄筋の曲げ半径は，加工性，内部のコンクリートの支圧強度，施工性なども考慮して，以下のように定められる．

(1) フック

フックとは鉄筋端部の折り曲げた部分をいう．標準フックとして，半円形フック，直角フックあるいは鋭角フックを用いる．鉄筋端部のフックの形状を**図 11.3** に示す．

半円形フックは，鉄筋の端部を半円形に 180° 折り曲げ，半円形の端から鉄筋直径の 4 倍以上で 60mm 以上まっすぐ延ばしたものとする．

直角フックは，鉄筋の端部を 90° 折り曲げ，折り曲げてから鉄筋直径の 12 倍以上まっすぐ延ばしたものとする．

鋭角フックは，鉄筋の端部を 135° 折り曲げ，折り曲げてから鉄筋直径の 6 倍以上で 60mm 以上まっすぐ延ばしたものとする．

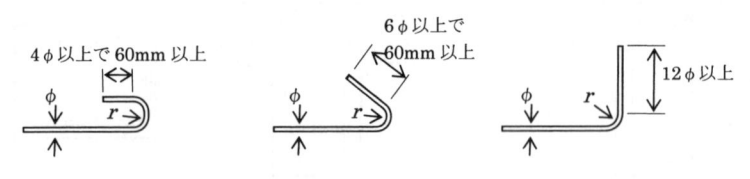

図 11.3 鉄筋端部のフック形状 [1]

半円形フック（普通丸鋼および異形鉄筋）：4φ以上で60mm以上

鋭角フック（異形鉄筋）：6φ以上で60mm以上

直角フック（異形鉄筋）：12φ以上

φ：鉄筋直径　r：鉄筋の曲げ内半径

(2) 軸方向鉄筋

軸方向引張鉄筋に普通丸鋼を用いる場合には，標準フックとして常に半円形フックを用いなければならない．軸方向鉄筋のフックの曲げ内半径は，**表 11.2** の値以上とする．ここに，φは鉄筋直径である．

表 11.2 フックの曲げ内半径 [1]

種類		曲げ内半径 (r)	
		フック	スターラップおよび帯鉄筋
普通丸鋼	SR235	2.0φ	1.0φ
	SR295	2.5φ	2.0φ
異形棒鋼	SD295A, B	2.5φ	2.0φ
	SD345	2.5φ	2.0φ
	SD390	3.0φ	2.5φ
	SD490	3.5φ	3.0φ

(3) スターラップ，帯鉄筋およびフープ鉄筋

スターラップ，帯鉄筋およびフープ鉄筋の曲げ形状は下記のように定められている．

① スターラップ，帯鉄筋およびフープ鉄筋は，その端部に標準フックを設けなければならない．

② 普通丸鋼をスターラップ，帯鉄筋およびフープ鉄筋に用いる場合は，半円形フックとしなければならない．
③ 異形鉄筋をスターラップに用いる場合は，直角フックまたは鋭角フックを設けるものとする．
④ 異形鉄筋を帯鉄筋およびフープ鉄筋に用いる場合は，原則として半円形フックまたは鋭角フックを設けるものとする．
⑤ スターラップ，帯鉄筋およびフープ鉄筋のフックの曲げ内半径は，**表 11.2** の値以上とする．ただし，$\phi \leqq 10mm$ のスターラップは，1.5ϕ の曲げ内半径でよい．

(4) その他の鉄筋

その他の鉄筋の曲げ形状は下記のように定められている．
① 折曲鉄筋の曲げ内半径は，鉄筋直径の 5 倍以上でなければならない（**図 11.4** 参照）．ただし，コンクリート部材の側面から $2\phi+20mm$ 以内の距離にある鉄筋を折曲鉄筋として用いる場合には，その曲げ内半径を鉄筋直径の 7.5 倍以上としなければならない．
② ラーメン構造の隅角部の外側に沿う鉄筋の曲げ内半径は，鉄筋直径の 10 倍以上でなければならない（**図 11.5** 参照）．
③ ハンチ，ラーメンの隅角部等の内側に沿う鉄筋は，スラブまたははりの引張りを受ける鉄筋を曲げたものとせず，ハンチの内側に沿って別の直線の鉄筋を用いるものとする（**図 11.5** 参照）．

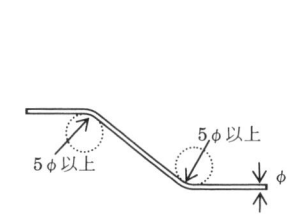

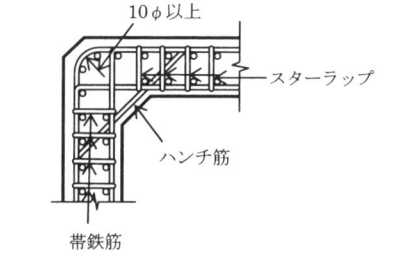

図 11.4 折曲鉄筋の曲げ[1]　　**図 11.5** ハンチ，ラーメンの隅角部等の鉄筋[1]

11.4 鉄筋の定着
(1) 一般
　鉄筋コンクリートは，外力に対して鉄筋とコンクリートとが一体となって働く必要がある．そのためには鉄筋端部の定着はきわめて重要であり，次のような規定がある．
① 鉄筋端部はコンクリート中に十分埋め込んで，鉄筋とコンクリートとの付着力によって定着するか，フックを付けて定着するか，または機械的に定着しなければならない．
② 普通丸鋼の端部には，必ず半円形フックを設けなければならない．
③ スラブまたははりの正鉄筋の少なくとも 1/3 は，これを曲げ上げないで支点を超えて定着しなければならない．
④ スラブまたははりの負鉄筋の少なくとも 1/3 は，反曲点を超えて延長し，圧縮側で定着するか，あるいは次の負鉄筋と連続させなければならない．
⑤ 折曲鉄筋は，その延長を正鉄筋または負鉄筋として用いるか，または折曲鉄筋端部をはりの上面または下面に所要のかぶりを残してできるだけ接近させ，はりの上面または下面に平行に折り曲げて水平に延ばし，圧縮側のコンクリートに定着するのがよい．
⑥ スターラップは正鉄筋または負鉄筋を取り囲み，その端部を圧縮側のコンクリートに定着しなければならない．
⑦ 帯鉄筋およびフープ鉄筋の端部には，軸方向鉄筋を取り囲んだ半円形フックまたは鋭角フックを設けなければならない．
⑧ らせん鉄筋は，1 巻半余分に巻き付けてらせん鉄筋に取り囲まれたコンクリート中に，これを定着するものとする．
⑨ 鉄筋とコンクリートとの付着によって定着するか，フックを付けて定着する鉄筋の端部は，コンクリート標準示方書［構造性能照査編］の 9.5.3 に定める定着長算定位置において，9.5.4 に定める定着長をとって定着しなければならない．
⑩ ①から⑨の規定と異なる定着方法を用いる場合には，所定の定着性能を満足することをコンクリート標準示方書［構造性能照査編］の 9.5.2 に定める方法によって確かめなければならない．

(2) 鉄筋の定着長算定位置

曲げ部材における軸方向引張鉄筋の定着長の算定は，以下の①～④に示した位置を起点として行うものとする．ここに，l_s は一般に部材断面の有効高さとしてよい．ただし，急激な鉄筋量の変化は避けなければならない．

① 曲げモーメントが極値をとる断面から l_s だけ離れた位置．
② 曲げモーメントに対して計算上鉄筋の一部が不要となる断面から，曲げモーメントが小さくなる方向へ l_s だけ離れた位置．
③ 柱の下端では，柱断面の有効高さの 1/2 かつ鉄筋径の 10 倍だけフーチング内側に入った位置．
④ 片持ばり等の固定端では，原則として引張鉄筋の端部が定着部において上下から拘束されている場合には断面の有効高さの 1/2 だけ，また，引張鉄筋の端部が定着部において上下から拘束されていない場合には，断面の有効高さだけ定着部内に入った位置．

(3) 鉄筋の定着長

鉄筋の定着長は，鉄筋の種類や配置，コンクリート強度等によって定められた基本定着長 l_d を，その使用状態によって修正して定める．

① 鉄筋の定着長 l_0 は，基本定着長 l_d 以上でなければならない．この場合に，配置される鉄筋量 A_s が計算上必要な鉄筋量 A_{sc} よりも大きい場合，次式によって定着長 l_0 を低減してよい．

$$l_0 \geqq \frac{l_d A_{sc}}{A_s} \tag{11.2}$$

ただし，$l_0 \geqq l_d/3$，$l_0 \geqq 10\phi$

ここに，ϕ：鉄筋直径

② 定着部が曲がった鉄筋の定着長のとり方は，以下のとおりとする（図 11.6 参照）．
  （Ⅰ） 曲げ内半径が鉄筋直径の 10 倍以上の場合は，折り曲げた部分も含み，鉄筋の全長を有効とする．
  （Ⅱ） 曲げ内半径が鉄筋直径の 10 倍未満の場合は，折り曲げてから鉄筋直径

の10倍以上まっすぐに延ばしたときにかぎり，その直線部分だけを有効とする．

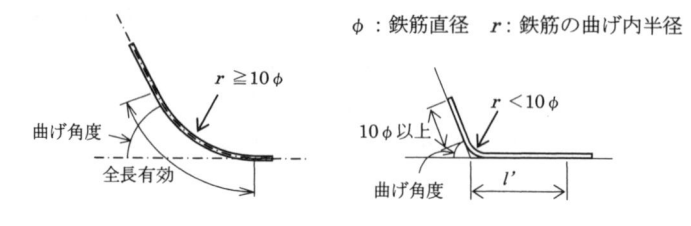

図 11.6 定着部が曲がった鉄筋の定着長のとり方[1]

③ 引張鉄筋は，引張応力を受けないコンクリートに定着するのを原則とする．ただし，次の(Ⅰ)あるいは(Ⅱ)のいずれかを満足する場合には，引張応力を受けるコンクリートに定着してもよいが，この場合の引張鉄筋の定着部は，計算上不要となる断面から($l_d + l_s$)だけ余分に延ばさなければならない．ここに，l_dは基本定着長，l_sは一般に部材断面の有効高さとしてよい．

(Ⅰ) 鉄筋切断点から計算上不要となる断面までの区間では，設計せん断耐力が設計せん断力の1.5倍以上あること．

(Ⅱ) 鉄筋切断部での連続鉄筋による設計曲げ耐力が設計曲げモーメントの2倍以上あり，かつ切断点から計算上不要となる断面までの区間で，設計せん断耐力が設計せん断力の4/3倍以上あること．

④ スラブまたははりの正鉄筋を，端支点を超えて定着する場合，その鉄筋は支承の中心からl_sだけ離れた断面位置の鉄筋応力に対する定着長l_0以上を支承の中心からとり，さらに部材端まで延ばさなければならない．ここに，l_sは，一般に部材断面の有効高さとしてよい．

⑤ 折曲鉄筋をコンクリートの圧縮部に定着する場合の定着長は，フックを設けない場合は15ϕ以上，フックを設けた場合は10ϕ以上とする．ここに，ϕは鉄筋直径である．

(4) 鉄筋の基本定着長

鉄筋の定着長は，鉄筋の種類，コンクリートの強度，かぶり，横方向鉄筋の状

態等を考慮して決定されるべきものであり，基本定着長を定める場合にも，これらのことを考慮する必要がある．

① 引張鉄筋の基本定着長 l_d は式(11.3)により求める．ただし，20ϕ 以上とする．

$$l_d = \alpha \frac{f_{yd}}{4 f_{bod}} \phi \geqq 20\phi \tag{11.3}$$

ここに，ϕ：主鉄筋の直径

f_{yd}：鉄筋の設計引張降伏強度

f_{bod}：コンクリートの設計付着強度で，γ_c は 1.3 として，式(3.4)の f_{bok} より求めてよい．ただし，$f_{bod} \leqq 3.2 \text{N/mm}^2$

$\alpha = 1.0$ （　　　$k_c \leqq 1.0$ の場合）
　$= 0.9$ （$1.0 < k_c \leqq 1.5$ の場合）
　$= 0.8$ （$1.5 < k_c \leqq 2.0$ の場合）
　$= 0.7$ （$2.0 < k_c \leqq 2.5$ の場合）
　$= 0.6$ （$2.5 < k_c$ 　　　の場合）

$$k_c = \frac{c}{\phi} + \frac{15 A_t}{s \phi}$$

c：主鉄筋の下側のかぶりの値と定着する鉄筋のあきの半分の値のうちの小さい方

A_t：仮定される割裂破壊断面に垂直な横方向鉄筋の断面積

s：横方向鉄筋の中心間隔

② 定着を行う鉄筋が，コンクリートの打込みの際に，打込み終了面から 300mm の深さより上方の位置で，かつ水平から 45°以内の角度で配置されている場合は，①により求める l_d の 1.3 倍の基本定着長とする．

③ 圧縮鉄筋の基本定着長は，①，②により求まる l_d の 0.8 倍としてよい．

④ 引張鉄筋に標準フックを設けた場合には，基本定着長 l_d より 10ϕ だけ減じてよい．ただし，鉄筋の基本定着長 l_d は，少なくとも 20ϕ 以上とするのがよい．

11.5 鉄筋の継手

継手の強度や信頼性は，継手の種類，施工の方法，鉄筋の材質，荷重の状態等によって異なるものであるから，位置や応力状態に応じて性能が発揮されるように，継手を選定しなければならない．

(1) 一般

一般的な鉄筋の継手は下記のように定められている．

① 鉄筋の継手は，鉄筋の種類，直径，応力状態，継手位置等に応じて選定しなければならない．
② 鉄筋の継手位置は，できるだけ応力の大きい断面を避けるものとする．
③ 継手は同一断面に集めないことを原則とする．継手を同一断面に集めないため，継手位置を軸方向に相互にずらす距離は，継手の長さに鉄筋直径の 25 倍か断面高さのどちらか大きい方を加えた長さ以上を標準とする．
④ 継手部と隣接する鉄筋とのあきまたは継手部相互のあきは，粗骨材の最大寸法以上とする．
⑤ 鉄筋を配置した後に継手を施工する場合には，継手施工用の機器等が挿入できるあきを確保しなければならない．
⑥ 継手部のかぶりは，本書 11.1 節の規定を満足するものとする．

(2) 重ね継手
①軸方向鉄筋

軸方向鉄筋に重ね継手を用いる場合には，次の(Ⅰ)〜(Ⅳ)の規定に従わなければならない．

(Ⅰ) 配置する鉄筋量が計算上必要な鉄筋量の 2 倍以上，かつ同一断面での継手の割合が 1/2 以下の場合には，重ね継手の重ね合わせ長さは基本定着長 l_d 以上としなければならない．
(Ⅱ) (Ⅰ)の条件のうち一方が満足されない場合には，重ね合わせ長さは基本定着長 l_d の 1.3 倍以上とし，継手部を横方向鉄筋等で補強しなければならない．
(Ⅲ) (Ⅰ)の条件の両方が満足されない場合には，重ね合わせ長さは基本定着長 l_d の 1.7 倍以上とし，継手部を横方向鉄筋等で補強しなければならない．

(IV) 低サイクル疲労を受ける場合には，重ね合わせ長さは基本定着長 l_d の 1.7 倍以上とし，フックを設けるとともに，継手部をらせん鉄筋，連結用補強金具等によって補強しなければならない．
(V) 重ね継手の重ね合わせ長さは，鉄筋直径の 20 倍以上とする．
(VI) 重ね継手部の帯鉄筋，中間帯鉄筋およびフープ鉄筋の間隔は図 11.7 に示すように 100mm 以下とする．
(VII) 水中コンクリート構造物の重ね合わせ長さは，原則として鉄筋直径の 40 倍以上とする．

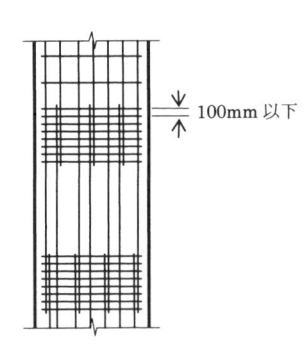

図 11.7 重ね継手部の帯鉄筋，中間帯鉄筋およびフープ鉄筋の間隔[1]

②スターラップ

スターラップの重ね継手は，重ね合わせ長さを基本定着長 l_d の 2 倍以上，もしくは基本定着長 l_d をとり端部に直角フックまたは鋭角フックを設ける．重ね継手の位置は圧縮域またはその近くにしなければならない．

第12章　プレストレスコンクリート

コンクリートは，圧縮力には強いが，引張力に対しては極めて弱い構造材料である．したがって，曲げ部材として使う場合には，コンクリート断面の引張側を何らかの方法で補強しなければ有効に利用することができない．

一つの方法としては，引張側に鉄筋または鉄骨を配置して補強する方法である．これを RC，または SRC 構造という．

もう一つは，プレストレストコンクリート(prestressed concrete, PC)で，コンクリート断面に発生する引張応力を予測し，これに見合う圧縮応力をあらかじめ計画的に与えておくものである．このあらかじめ計画的に部材断面に与える圧縮応力をプレストレスという．

したがって，プレストレストコンクリートとは，荷重によってコンクリートに生ずる引張応力を打ち消すために，あらかじめプレストレスを与えたコンクリート部材である．

プレストレストコンクリートは橋梁，容器構造物，建築構造物，防災構造物，枕木など各種の構造物に利用されている．

12.1 プレストレスコンクリートの原理

図 12.1 に示すように長方形断面のコンクリート構造部材に，あらかじめ偏心荷重を与えておく．

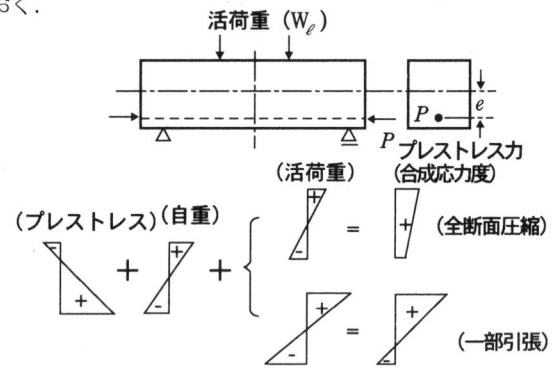

図 12.1　曲げを受けるプレストレストコンクリートによる応力
(+は圧縮，−は引張)

そうすると断面内に発生するプレストレスは上縁側よりも下縁側の方がはるかに大きくなる．

合成応力度はプレストレスと荷重（自重と活荷重）作用によって生ずる曲げ応力度との和となる．

12.2 プレストレストコンクリートの分類

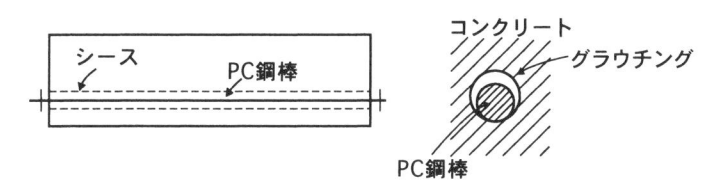

(1) プレテンション方式とポストテンション方式

プレテンション方式とは緊張した PC 鋼材をアバットに固定し，その PC 鋼材を包んでコンクリートを打ち，硬化後 PC 鋼材をアバットから開放し，鋼材の引張力をコンクリートに圧縮力として作用させる方式である（図 12.2）．プレテンション方式は，PC 工場で比較的小型で大量に製造されるプレキャスト部材に用いられている．

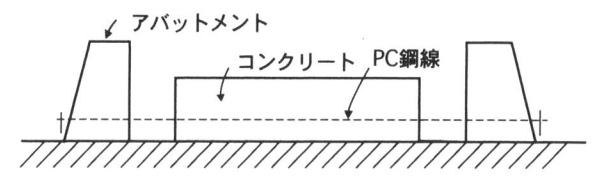

図 12.2 プレテンション方式

ポストテンション方式とはコンクリート硬化後に事前に配置しておいたシース内に PC 鋼材を通し，端部をコンクリートに定着させ，ジャッキで緊張したあと他端に定着させプレストレスを与える方式である（図 12.3）．この方式は，プレキャスト部材のみならず場所打ちの PC 部材に適用されている．

図 12.3 ポストテンション方式

(2) フルプレストレッシングとパーシャルプレストレッシング

フルプレストレッシングとは設計荷重作用時に自重,設計荷重およびプレストレスによる合成応力度が負（引張応力度）にならないようにプレストレスを与える設計方法である．

パーシャルプレストレッシングとは設計荷重作用時に合成応力度がひび割れの生じない程度の引張応力度となることを許容する設計方法である．

12.3 材　　料

(1) コンクリート

PC 部材に用いるコンクリートが高強度のコンクリートであることは必須の条件ではないが，高強度のコンクリートのほうが大きいプレストレスを導入する場合が多いこと，緊張材定着部に大きい支圧応力が生じることなどを考慮すると高強度のコンクリートが有利である．一般に，設計基準強度が 40N/mm^2 程度以上のコンクリートが用いられている．

(2) 緊張材

PC 部材に用いる緊張材に要求される性質は,
① 引張強度および降伏強度が大きいこと
② 伸び能力が大きいこと
③ リラクセーションが小さいこと
④ 耐久性に富むこと
⑤ 加工性に優れていること
⑥ コンクリートとの付着性に優れていること

などである．

今日，このような諸条件が最もよく備わっている材料は，高張力鋼である．

プレストレストコンクリートで，コンクリートにプレストレスを与えるための鋼材を PC 鋼材という．PC 鋼材は,鉄筋コンクリート用の鋼材（すなわち鉄筋）とは，形状や機械的性質が異なっている．最も大きい差異は，降伏強度（または耐力）が $800 \sim 1550 \text{ N/mm}^2$ と鉄筋のそれより 3〜5 倍大きいことである．弾性係数が $1.9 \sim 2.0 \times 10^5 \text{ N/mm}^2$ なので，緊張時の伸びが大きくなることも緊張材とし

て適している．

　PC 鋼材は，素材，製造方法，形状，機械的性質などによって PC 鋼線，PC 鋼より線，PC 鋼棒に分けられる．

　PC 鋼線は，直径 9mm 程度までの高強度鋼線である．ピアノ線材を加熱（850～950℃），急冷（500～600℃，パテンティング処理）した後，室温で引き，ブルーイング（ひずみ除去）して製造される．冷間引抜き後，異形加工したものを異形 PC 鋼線という．

　PC 鋼より線は，PC 鋼線の冷間引抜き後，より合わせ，ブルーイングを行って製造するもので，2本より線，7本より線，12本より線などがある．

　PC 鋼棒は，キルド鋼を熱間圧延した後，ストレッチング，冷間引抜き，熱処理などのうち，一つまたは複数の処理を行って製造される．異形 PC 鋼棒と同じ方法で異形加工されたものを異形 PC 鋼棒という．

　ほかに，低リラクセーション PC 鋼材，PC 硬鋼線，特殊な断面をもつ PC 鋼材などがある．PC 鋼材の品質，寸法などについては，JIS G 3536（PC 鋼線および PC 鋼より線），JIS G 3109（PC 鋼棒），JIS G 3506（硬鋼線材）に規定されている．

(3) シース

　ポストテンション方式の PC 部材では，一般に，アンボンドの場合を除いて，PC 鋼材をシースと呼ばれる管に通して配置する．シースは，厚さ 0.20～0.35mm の薄鋼板を用いて製造され，管の剛性を高め，コンクリートおよびグラウトとの付着性能を高める．さらに，シースとシースを接続する際にねじの役目をするなどのために横方向に波打ちされている．

(4) グラウト

　ボンド・ポストテンション方式 PC 部材では，プレストレス導入後，コンクリートと PC 鋼材とを付着状態にするためや，PC 鋼材を保護するために，シース内にグラウトを注入する．
グラウトには,アルミニウム粉末を混ぜたセメントミルクが広く用いられている．

12.4 PC 鋼材の定着方法

　PC 部材の設計・施工においては，大きい緊張力を与えられた PC 鋼材をどのようにしてコンクリート部分に定着するかは，きわめて重要なことである．

　プレテンション方式 PC 部材の場合には，PC 鋼材の端部付近におけるコンクリートと PC 鋼材との付着によって PC 鋼材が定着されている．

　ポストテンション方式 PC 部材の場合には，数多くの定着方法が考案されている．各定着方法を中心に組み立てられたシステムに名称がつけられている．

　PC 鋼材をコンクリートに定着する方法を原理的に分類すると，

① くさび定着
② ねじ定着
③ ヘッド定着
④ ループ定着
⑤ スリーブ定着（金属溶着・圧着）
⑥ 扇形定着
⑦ 波型定着

などであり，単一原理による工法もあり，また複数の原理を組み合わせている工法もある．

12.5 PC 鋼線，PC 鋼棒の引張応力の減少

(1) 初期プレストレス

　PC 部材の設計における最終の目的は，設計荷重を安全かつ経済的に支え得る部材寸法およびプレストレス量を決定することである．PC 部材においては，部材製作時（プレストレス導入時）に与えた鋼材緊張力が，時間の経過に伴い減少するので，設計荷重作用時に有効なプレストレス量を正しく推定しなければならない．また，PC 部材は，設計荷重作用時とは別に PC 鋼材緊張時にも安全性の検討を要するものである．さらに，架設や運搬時についても安全性の検討が必要である．

　PC 鋼材の緊張は，一般に，緊張端で PC 鋼材に与えた緊張力と等しくならない．これは，次に示すような緊張力の損失が生じるからである．

① コンクリートの弾性変形による損失
② PC鋼材とシースとの摩擦による損失
③ 定着端におけるセットによる損失
④ その他の損失

したがって，設計断面におけるプレストレス導入直後のプレストレス力（初期プレストレス）は，緊張材端に与えた引張力によるプレストレッシング中のプレストレス力から緊張時に生じるプレストレス力の損失量を減じて求めなければならない．

1) コンクリートの弾性変形による緊張力の減少

プレテンション方式PC部材のコンクリートの弾性変形による緊張材の引張応力度の減少量は，式（12.1）で求める．

$$\varDelta \sigma_p = n_p \sigma'_{cpg} \tag{12.1}$$

ポストテンション方式PC部材で，緊張材を順次に緊張する場合には，緊張材の平均引張応力度減少量は，式（12.2）で計算してよい．

$$\varDelta \sigma_p = \frac{1}{2} n_p \sigma'_{cpq} \frac{(N-1)}{N} \tag{12.2}$$

ここに，$\varDelta \sigma_p$：緊張材の引張応力度の減少量
n_p：ヤング係数比 $(= E_p / E_c)$
σ'_{cpq}：緊張作業による緊張材図心位置のコンクリートの圧縮応力度
N：緊張材の緊張回数

2) 緊張材とダクトとの摩擦による緊張力の減少

図 12.4 に示すように，緊張材が配置されたポストテンション方式PC部材で，緊張時の断面 $A-A$ における緊張力は，式（12.3）で表わすことができる．

$$P_x = P_i \cdot e^{-(\mu\alpha + \lambda x)} \tag{12.3}$$

$$\alpha = \sum_{1}^{n} \alpha_i = \alpha_1 + \alpha_2 + \alpha_3 + \alpha_4 + \alpha_5 + \cdots + \alpha_n$$

x：緊張端からA-A断面までの長さ

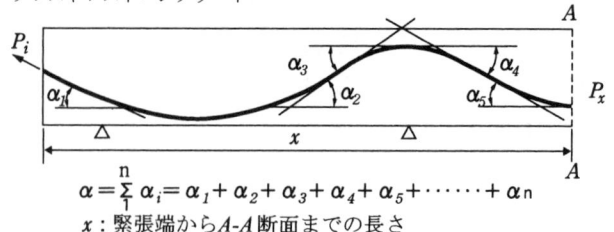

図 12.4　緊張材図心線の角変化

ここに，P_x：設計断面における緊張材の引張力

P_i：緊張材のジャッキの位置での引張力

μ：角変化1ラジアン当たりの摩擦係数（一般に0.30）

α：角変化（ラジアン）

λ：緊張材の単位長さ当たりの摩擦係数 0.004（ＰＣ鋼線）または0.003（ＰＣ鋼棒）を用いることが多い．

x：緊張材の引張端から設計断面までの長さ（投影面の長さとしてよい．）

緊張材の長さが 40m 程度以下，緊張材の角変化が 30°程度以下の場合には，次の式（12.4）で計算してよい．

$$P_x = P_i(1 - \mu\alpha - \lambda x) \tag{12.4}$$

μ および λ の値は試験によって定めなければならないが，シースを用いる場合は，一般に**表 12.1** に示す値を用いて緊張材の緊張力を計算してよい．

表 12.1　摩擦係数

種　　　類	μ	λ
PC鋼線，PC鋼より線	0.3	0.004
PC鋼棒	0.3	0.003

3）緊張材を定着する際のセットによる緊張力の減少

　セットとは，緊張材を定着具に定着するときに緊張材が定着具のところに引き込まれる現象をいう．セット量は，各種定着具によって異なるので，それぞれの定着具について定める必要がある．

　セットによって生ずる緊張材の緊張力の減少量は，次のようにして求められる．

a) ＰＣ鋼材とシースとの間に摩擦がない場合

$$\varDelta P = \frac{\varDelta \ell}{\ell} A_p E_p \tag{12.5}$$

ここに，$\varDelta P$：緊張材のセットによる緊張材張力の減少量
　　　　$\varDelta \ell$：セット量
　　　　ℓ：緊張材の長さ
　　　　A_p：緊張材の断面積
　　　　E_p：緊張材のヤング係数

b) PC鋼材とシースとの間に摩擦がある場合

$$\varDelta \ell = \frac{A_{ep}}{A_p E_p} \tag{12.6}$$

$\therefore A_{ep} = \varDelta \ell \times A_p \times E_p$

ここに，$\varDelta \ell$：PC鋼材のセット量（cm）
　　　　A_{ep}：a'b'cb''a''により囲まれる面積（N・mm）
　　　　A_p：PC鋼材の断面積（cm²）
　　　　E_p：PC鋼材のヤング係数（N/mm²）

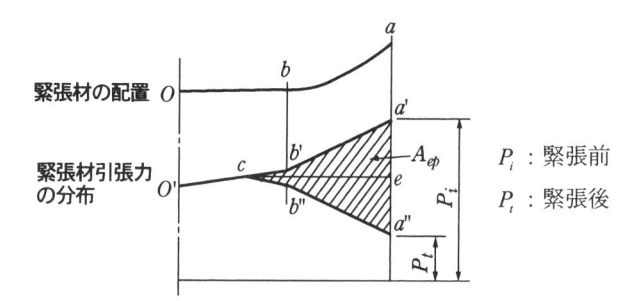

図 12.5 緊張材引張力の分布形状

この場合には，図 12.5 のような緊張材の引張力の分布となる．緊張材を a 端で引張ると，引張力は a'b'co' となり，定着直後の引張端の引張力は P_t に低下する．この場合，a'b'c と a''b''c は水平軸 ce に対して対称となり，a'b'cb''a'' によって囲まれる面積 A_{ep} を $A_p E_p$ で除した値が，定着具のセット量となる．したがって，A_{ep} が $\varDelta \ell\ A_p E_p$ と等しくなる点 c 点を図上で求め，cb''a''線を定めればよい．

通常，$\varDelta \ell$ の値はくさび定着のとき 3〜4mm，ナット定着のとき 1mm 以下である．

(2) 有効プレストレス

設計断面に導入されたプレストレス力は，時間の経過とともに次第に減少する．これは，次に示す原因によってプレストレスの損失が生じるためである．

① ＰＣ鋼材のリラクセーション
② コンクリートのクリープ
③ コンクリートの収縮

したがって，プレストレスを導入してから任意の時間経過における設計断面のプレストレス力は，初期プレストレスから上述の原因によるプレストレスの損失量を減じて求めなければならない．

使用限界状態のうち引張応力発生限界状態および曲げひび割れ発生限界状態に対する検討を行う場合には，コンクリートの収縮およびクリープによる緊張材の引張応力度の減少量を，式 (12.7) により求めてよい．

$$\varDelta \sigma_{pcs} = \frac{n_p \varphi(\sigma'_{cpt} + \sigma'_{cdp}) + E_p \varepsilon'_{cs}}{1 + n_p \dfrac{\sigma'_{cpt}}{\sigma_{pt}}\left(1 + \dfrac{\varphi}{2}\right)} \tag{12.7}$$

ここに，$\varDelta\sigma_{pcs}$：コンクリートのクリープおよび収縮による緊張材引張応力度の減少量

φ：コンクリートのクリープ係数

ε'_{cs}：コンクリートの収縮ひずみ（乾燥収縮，自己収縮，炭酸化収縮を含む）

σ'_{cpt}：緊張作業直後のプレストレス力による PC 鋼材位置のコンクリートの圧縮応力度

σ'_{cdp}：永久荷重による PC 鋼材位置のコンクリートの圧縮応力度

σ_{pt}：緊張作業直後の緊張材引張応力度

E_p：緊張材の弾性係数（200 kN/mm²）

n_p：E_p/E_{ct}（載荷時におけるコンクリートのヤング係数）

PC 鋼材のリラクセーションによる緊張材引張応力度の減少量は，式 (12.8) により求めてよい．

$$\Delta \sigma_{pr} = \gamma \sigma_{pt} \tag{12.8}$$

ここに，$\Delta \sigma_{pr}$：PC 鋼材のリラクセーションによる緊張材の引張応力度の減少量

γ：PC 鋼材の見掛けのリラクセーション率（**表 12.2**）

表 12.2 PC 鋼材の見掛けのリラクセーション率

PC鋼材の種類	見掛けのリラクセーション率
PC鋼線およびPC鋼より線	5%
PC鋼棒	3%
低リラクセーションPC鋼材	1.50%

プレストレス導入直後の PC 鋼材応力度 σ_{pt} に対して，コンクリートのクリープ，収縮，PC 鋼材のリラクセーションによる応力度の損失が生じた後の PC 鋼材応力度 σ_{pe} の割合を有効係数といい，式 (12.9) で求める．

$$\eta = \frac{\sigma_{pe}}{\sigma_{pt}} \tag{12.9}$$

ここに，η：有効係数（通常，プレテン $\eta = 0.80$，ポステン $\eta = 0.85$）

σ_{pe}：コンクリートのクリープ，収縮，PC 鋼材のリラクセーションによるプレストレスの損失が生じた後の PC 鋼材引張応力度　（$\sigma_{pe} = \sigma_{pt} - \Delta \sigma_{pcs} - \Delta \sigma_{pr}$）

σ_{pt}：プレストレス導入直後の PC 鋼材引張応力度

12.6　設計の基本

(1) プレストレストコンクリートの種別

プレストレストコンクリートの種別は，使用限界状態においてひび割れの発生を許さない PC 構造と許容する PRC 構造に大別できる．

1) PC 構造は，曲げひび割れの発生を許さないことを前提とし，プレストレスの導入により，コンクリートの縁応力度を制御する構造である．
2) PRC 構造は，曲げひび割れの発生を許し，異形鉄筋の配置とプレストレスの導入により，ひび割れ幅を制御する構造である．

　使用限界状態に対する断面引張縁での具体的な設計条件として，PC 構造では引張応力発生限界状態，曲げひび割れ発生限界が設定され，PRC 構造では曲げひび割れ限界状態が設定される．
　いずれの種別を採用するかは，環境条件，作用荷重の性質，使用目的や期間などを考慮して選定される．

(2) 安全度の検討
　プレストレストコンクリートを設計する場合，安全度の検討は次の三つの状態について実施しなければならない．
1) プレストレス導入直後の状態において，コンクリートおよび PC 鋼材の応力度が許容応力度を満足していること．この状態では，PC 鋼材のプレストレス力が最大で，荷重は自重のみが作用している．
2) コンクリートの収縮，クリープおよび PC 鋼材のリラクセーションが終了した有効プレストレスの状態で，使用状態の最も不利な設計荷重の作用に対して各応力度が許容応力度，あるいは曲げひび割れ幅が許容値を満足していること．
3) 終局状態の検討で，構成材料の設計強度を用いて算定した設計断面耐力が，荷重係数を乗じた終局荷重による設計断面力より大きいこと．

12.7　使用限界状態に対する検討
(1) 曲げモーメントに対する検討
1) 使用状態での応力計算上の仮定
　　a．コンクリート，PC 鋼材および鉄筋は弾性体とみなす．
　　b．断面内のひずみは，直線分布をなす（平面保持の仮定）．
　　c．付着のある PC 鋼材および鉄筋は同位置のコンクリートのひずみに

等しい.

 d．引張応力発生限界状態，曲げひび割れ発生限界状態を検討対象とした PC 構造の計算では，コンクリートの全断面を有効とする.

 e．曲げひび割れ幅限界状態を検討対象とした PRC 構造の計算では，鉄筋コンクリートと同様にコンクリートの引張抵抗を無視し，それに相当する引張力を PC 鋼材のほかに鉄筋を配置して受け持たせる.

2) 使用状態の応力度

 以下に，使用状態において曲げひび割れが発生しない PC 構造に対する断面の応力計算法を示す.

 図 12.6 において

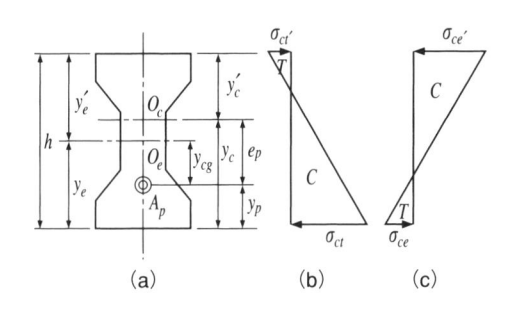

図 12.6

$A_c, O_c, I_c, e_p, y_c, y_c^{'} =$ 純断面積 A_c に関する値
$A_e, O_e, I_e, y_{cg}, y_e, y_e^{'} =$ 換算断面積 $A_e = (A_c + n_p A_p)$ に関する値とする.

①プレストレス導入直後のコンクリート応力

一般に部材自重はプレストレス導入時に作用しているから，このときの応力は次式となる.

$$\text{上縁}\quad \sigma_{ct}^{'} = \frac{P_t}{A_c} - \frac{P_t e_p}{I_c} y_c^{'} + \frac{M_{p1}}{I_c} y_c^{'}$$

$$= \frac{P_t}{A_c}(1 - \frac{e_p y_c^{'}}{r_c^2}) + \frac{M_{p1}}{Z_c^{'}} \tag{12.10}$$

下縁 $\sigma_{ct} = \dfrac{P_t}{A_c} + \dfrac{P_t e_p}{I_c} y_c - \dfrac{M_{p1}}{I_c} y_c$

$$= \dfrac{P_t}{A_c}(1 + \dfrac{e_p y_c}{r_c^2}) - \dfrac{M_{p1}}{Z_c} \qquad (12.11)$$

ここに, P_t：導入直後のプレストレス力

M_{p1}：部材自重の曲げモーメント

e_p：コンクリートの純断面図心軸とPC鋼材図心間の偏心距離

A_c：コンクリートの純断面積（ダクト面積を除く）

I_c：コンクリート純断面積の図心軸に関する断面二次モーメント

y_c', y_c：それぞれ断面の上縁，下縁からコンクリート純断面図心軸までの距離

r_c：コンクリート純断面の断面二次半径 $r_c = \sqrt{I_c/A_c}$

Z_c, Z_c'：コンクリート純断面の断面係数（$Z_c = I_c/y_c, Z_c' = I_c/y_c'$）

②使用状態の全設計荷重が作用した場合

この状態では，PC鋼材の引張力は有効プレストレス力 $P_e = \eta P_t$ に減少している．プレテンション方式およびポストテンション方式でグラウト注入によりPC鋼材とコンクリートとの間に付着を与えた場合のコンクリートの合成応力度は次式となる．

上縁 $\sigma'_{ce} = \dfrac{P_e}{A_c} - \dfrac{P_e e_p}{I_c} y_c' + \dfrac{M_{p1}}{I_c} y_c' + \dfrac{M_{p2} + M_r}{I_e} y_e'$

$$= \dfrac{P_e}{A_c}(1 - \dfrac{e_p y_c'}{r_c^2}) + \dfrac{M_{p1}}{Z_c'} + \dfrac{M_{p2} + M_r}{Z_e'} \qquad (12.12)$$

下縁 $\sigma_{ce} = \dfrac{P_e}{A_c} + \dfrac{P_e e_p}{I_c} y_c - \dfrac{M_{p1}}{I_c} y_c - \dfrac{M_{p2} + M_r}{I_e} y_e$

$$= \dfrac{P_e}{A_c}(1 + \dfrac{e_p y_c}{r_c^2}) - \dfrac{M_{p1}}{Z_c} - \dfrac{M_{p2} + M_r}{Z_e} \qquad (12.13)$$

ここに, M_{p2}, M_r：部材自重以外の永久荷重，変動荷重による曲げモーメント

A_e：換算断面積

I_e：換算断面の図心軸に関する断面二次モーメント

y_e，$y_e^{'}$：それぞれ断面の下縁，上縁から換算断面図心軸までの距離

Z_e，$Z_e^{'}$：コンクリート換算断面の断面係数（$Z_e = I_e/y_e$，$Z_e^{'} = I_e/y_e^{'}$）

この場合の換算断面とは，PC鋼材断面積 A_p を n_p （PC鋼材とコンクリートのヤング係数比=E_p/E_c）で換算したもので，次式から計算する．

$$\left.\begin{aligned} A_e &= A_c + n_p A_p \\ y_e &= \frac{A_c y_c + n_p A_p y_p}{A_c + n_p A_p} \\ y_e^{'} &= h - y_e \\ I_e &= I_c + A_c(y_c - y_e)^2 + n_p A_p(y_e - y_p)^2 \end{aligned}\right\} \quad (12.14)$$

ポストテンション方式でPC鋼材とコンクリート間に付着を与えないアンボンドタイプの場合には，$M_{p2} + M_r$ による応力もコンクリートの純断面を用いて計算する．すなわち，式 (12.12)，(12.13) の $Z_e^{'}$ および Z_e を $Z_c^{'}$ および Z_c とすればよい．

3) 検討方法

コンクリート断面の形状寸法，PC鋼材の引張力（断面積）と配置（偏心距離）は，たとえば式 (12.10) ～ (12.13) の応力度が制限値を超えないように定める．

①プレストレス導入直後

$\sigma_{ct}^{'} \geqq \sigma_{cta}^{'}$

$\sigma_{ct} \leqq \sigma_{cta}$

②全設計荷重作用時

$\sigma_{ce}^{'} \leqq \sigma_{cea}^{'}$

$\sigma_{ce} \geqq \sigma_{cea}$

ここに，$\sigma_{cta}^{'}$：プレストレス導入直後のコンクリートの許容曲げ圧縮応力度（＋）

$\sigma_{cea}^{'}$：全設計作用時のコンクリートの許容曲げ圧縮応力度（＋）

σ_{cta}：プレストレス導入直後のコンクリートの許容曲げ引張応力度（－）

σ_{cea}：全設計荷重作用時のコンクリートの許容曲げ引張応力度（－）

示方書では，永久荷重作用時のコンクリートの圧縮応力度は $0.4 f_{ck}^{'}$ 以下，$0.7 f_{puk}$ 以下（f_{puk}：引張強度の特性値）とする．なお，永久荷重作用時のコンクリートおよびPC鋼材の応力度は有効プレストレスに基づいて求める．

(2) せん断力に対する検討

1) 斜め引張応力度

コンクリートの斜め引張応力度 f_l は，コンクリートの全断面を有効とし，次式から求める．この場合 f_l が（+）符号のとき，引張応力を表す．

$$f_l = -\frac{\sigma_x + \sigma_y}{2} + \sqrt{\frac{(\sigma_x - \sigma_y)^2 + 4\tau^2}{4}} \tag{12.15}$$

$$\tau = \frac{(V_d - V_{ped})G}{b_w I} \tag{12.16}$$

ここに，σ_x：プレストレスと設計荷重による部材軸方向の応力度（圧縮応力度（+）符号）

σ_y：部材軸に直角な鉛直方向のプレストレス（通常は $\sigma_y = 0$）

τ：コンクリートの全断面を有効として求められるせん断応力度

V_d：設計荷重によるせん断力

V_{ped}：有効プレストレス力のせん断力に平行な成分

$$V_{ped} = \frac{P_{ed} \sin\alpha_p}{\gamma_b}$$

ただし，P_{ed}：傾斜配置した軸方向緊張材の有効張力

α_p：傾斜配置した軸方向緊張材と部材軸とのなす角度

γ_b：部材係数，この場合は一般に 1.10 としてよい．

b_w：部材断面のウェブ厚

G：せん断応力を算出する位置より上側または下側の断面部分の図心軸に関する断面一次モーメント

I：部材断面の図心軸に関する断面二次モーメント

2) 検討方法

使用状態において曲げひび割れを発生させない PC 構造では，せん断ひび割れも発生させないように設計する．

このため，式 (12.15) の斜め引張応力度が許容応力度（コンクリートの設計引張強度 f_{tbe} の 75%，$f_{tbe} = f_{tk} = 0.23 f_{ck}'^{2/3}$ (N/mm²)）の（f_{tk}/γ_c）を超えないようにする．

例題 12.1 図示の場合、B, C, D, E 点の引張力を求めよ.
ただし, $\mu = 0.3$, $\lambda = 0.004 / \text{m}$

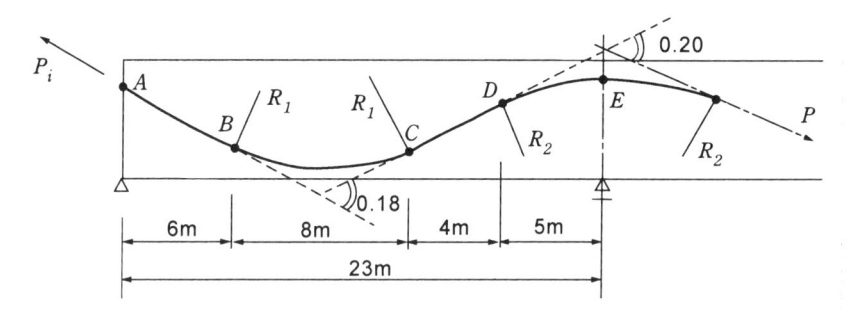

〔解答〕

$$P = P_i e^{-(\mu\alpha + \lambda x)} \fallingdotseq P_i(1 - \mu\alpha - \lambda x)$$

緊張材 40m 以下、角変化 30° 以下なので右辺の式でよい.

B 点　$\alpha = 0$

$P_B = P_i(1 - \mu\alpha - \lambda x)$

$= P_i(1 - 0 - 0.004 \times 6) = 0.976 P_i$

C 点　$\alpha = 0.18$

$P_C = P_i(1 - 0.3 \times 0.18 - 0.004 \times (6 + 8))$

$= P_i(1 - 0.054 - 0.056) = 0.890 P_i$

D 点　$\alpha = 0.18$

$P_D = P_i(1 - 0.3 \times 0.18 - 0.004 \times (6 + 8 + 4))$

$= P_i(1 - 0.054 - 0.072) = 0.874 P_i$

E 点　$\alpha = 0.18 + 0.20 / 2 = 0.28$

$P_E = P_i(1 - 0.3 \times 0.28 - 0.004 \times 23)$

$= P_i(1 - 0.084 - 0.092) = 0.824 P_i$

例題 12.2 図の長方形断面のポストテンション PC ばりに，緊張作業直後のプレストレス力 $P_t = 650$ kN を与えたときの有効応力 η を求めよ．

ただし，設計条件は次のとおりとし，簡単のために総断面を用いてよい．

$f'_{ck} = 50$ N/mm² $\quad E_c = 33$ kN/mm²

クリープ係数 $\quad \varphi = 2.1$

収縮ひずみ $\quad \varepsilon'_{cs} = 200 \times 10^{-6}$

$A_p = 800$ mm² , $E_p = 200$ kN/mm²

見掛けのリラクセーション率 $\quad \gamma = 3\%$

自重によるモーメント $M_{p1} = 40$ kN・m

自重以外の永久荷重によるモーメント
$M_{p2} = 10$ kN・m

〔解答〕

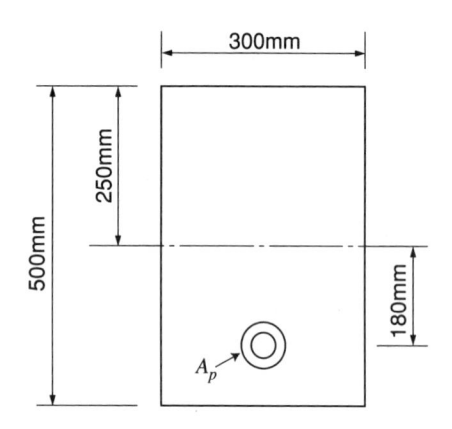

$n_p = E_p / E_c = 200 / 33 = 6.06 \fallingdotseq 6.1$

$\sigma_{pt} = p_t / A_p = 650 \times 10^3 / 800 = 812.5$ N/mm²

$A_c = bh = 300 \times 500 = 150000$ mm

$I_c = bh^3 / 12 = 300 \times 500^3 / 12 = 3.125 \times 10^9$ mm⁴

$y = e_p = 180$ mm

$$\sigma'_{cpt} = \frac{P_t}{A_c} + \frac{P_t e_p}{I_c} y - \frac{M_{p1}}{I_c} y$$

$$= \frac{650 \times 10^3}{150000} + \frac{650 \times 10^3 \times 180}{3.125 \times 10^9} \times 180 - \frac{40 \times 10^6}{3.125 \times 10^9} \times 180$$

$$= 4.3333 + 6.7392 - 2.304$$

$$= 8.7685 \fallingdotseq 8.77 \text{ N/mm}^2$$

$$\sigma''_{cp} = \sigma'_{cpt} - \frac{M_{p2}}{I_e} y_{cg}$$

総断面で計算するので

$I_e = I_c$, $y_{cg} = e_p$ となる。したがって

$$\sigma'_{cp} = 8.77 - \frac{10 \times 10^6}{3.125 \times 10^9} \times 180$$

$$= 8.1925 \fallingdotseq 8.19 \text{ N/mm}^2$$

$$\Delta \sigma_{pcs} = \frac{n_p \varphi \sigma'_{cp} + E_p \varepsilon'_{cs}}{1 + n_p (\sigma'_{cpt} / \sigma_{pt})(1 + \varphi/2)}$$

$$= \frac{6.1 \times 2.1 \times 8.19 + 200 \times 10^3 \times 200 \times 10^{-6}}{1 + 6.1 \times (8.77/812.5)(1 + 2.1/2)}$$

$$= \frac{104.914 + 40}{1 + 0.135} \fallingdotseq 127.7 \text{ N/mm}^2$$

$$\Delta \sigma_{pr} = \gamma \sigma_{pt} = 0.03 \times 812.5$$

$$= 24.38 \text{ N/mm}^2$$

$$\therefore \sigma_{pe} = \sigma_{pt} - \Delta \sigma_{pcs} - \Delta \sigma_{pr}$$

$$= 812.5 - 127.7 - 24.4$$

$$= 660.4 \text{ N/mm}^2$$

$$\therefore \eta = \sigma_{pe} / \sigma_{pt} = 0.813$$

例題 12.3 例題 12.2 において，プレストレスの導入直後，および全設計荷重が作用した場合について，断面の上縁と下縁のコンクリート応力度を求めよ．

〔解答〕

(1) プレストレス導入直後

$$\sigma'_{ct} = \frac{P_t}{A_c} - \frac{P_t e_p}{I_c} y'_c + \frac{M_{d1}}{I_c} y'_c$$

$$\sigma_{ct} = \frac{P_t}{A_c} + \frac{P_t e_p}{I_c} y_c - \frac{M_{d1}}{I_c} y_c$$

上縁 $\sigma'_{ct} = \dfrac{650 \times 10^3}{150000} + \dfrac{650 \times 10^3 \times 180}{3.125 \times 10^9} \times 250 - \dfrac{40 \times 10^6}{3.125 \times 10^9} \times 250$

$\sigma'_{ct} = 4.333 - 9.36 + 3.2 = -1.83 \text{ N/mm}^2$

下縁 $\sigma_{ct} = 4.333 + 9.36 - 3.2 = 10.49 \text{ N/mm}^2$

(2) 全設計荷重作用時

$$\sigma'_{ct} = \frac{P_e}{A_c} - \frac{P_e e_p}{I_c} y'_c + \frac{M_{d1} + M_{d2} + M_l}{I_c} y'_c$$

$$\sigma_{ct} = \frac{P_e}{A_c} + \frac{P_e e_p}{I_c} y_c - \frac{M_{d1} + M_{d2} + M_l}{I_c} y_c$$

$P_e = \eta P_t = 0.813 \times 650 = 528.3 \text{ kN}$

上縁 $\sigma'_{ct} = \dfrac{528.3 \times 10^3}{150000} - \dfrac{528.3 \times 10^3 \times 180}{3.125 \times 10^9} \times 250 + \dfrac{(40+10+90) \times 10^6}{3.125 \times 10^9} \times 250$

$\sigma'_{ct} = 3.522 - 7.608 + 11.2 = 7.11 \text{ N/mm}^2$

下縁 $\sigma_{ct} = 3.522 + 7.608 - 11.2 = -0.07 \text{ N/mm}^2$

第13章　許容応力度設計法

許容応力度設計法 (allowable stress design method) は，作用荷重によって生じる部材断面に生ずる応力度を求め，その値が部材強度に応じて定められた許容応力度を超えないようにする設計方法である．許容応力度設計法は従来から広く採用されてきたが，材料の安全率と部材あるいは構造物の安全率とが必ずしも一致しないなどの不合理な点などから限界状態設計法に変わりつつある．しかしながら，計算が容易なことやあまり不経済にはならず，また長年にわたる実績もあり許容応力度を適切な値に設定すると使用状態でのひび割れ幅やたわみを間接的に制御できるという利点を有していることから，部分的に採用されている．

13.1　許容応力度設計法における仮定
鉄筋コンクリートはりに曲げモーメントが作用すると応力分布は変化するが，示方書[1]においては次のような仮定を設けて実用的な取扱いをしている．
1) コンクリートの応力は直線分布をなし，断面の中立軸(neutral axis,n.a.)からの距離に比例する．
2) ヤング係数比は　$n = \dfrac{E_s}{E_c} = 15$　とする．
3) コンクリートの引張応力を無視する．

13.2　コンクリートおよび鉄筋の許容応力度
許容応力度設計法で設計をする場合，示方書[1]ではコンクリートおよび鉄筋の許容応力度の値を**表**13.1，**表**13.2 のように示している．

表13.1　コンクリートの許容曲げ圧縮応力度

項　目	設計基準強度 f'_{ck} (N/mm²)			
	18	24	30	40
許容曲げ圧縮応力度 σ'_{ca} (N/mm²)	7	9	11	14

表13.2 鉄筋の許容引張応力度 σ_{sa} (N/mm²)[1]

鉄筋の種類		SR235	SR295	SD295A, B	SD345	SD390
(a)	一般の場合の許容引張応力度	137	157 (147)	176	196	206
(b)	疲労強度より定まる許容引張応力度	137	157 (147)	157	176	176
(c)	降伏強度より定まる許容引張応力度	137	176	176	196	216

注) ( )内は軽量骨材コンクリートに対する値である.

13.3 長方形断面

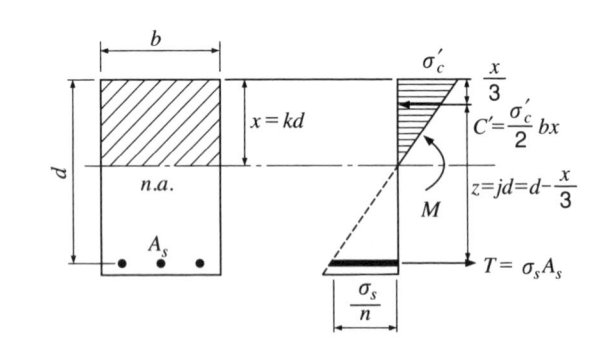

(1) 単鉄筋長方形断面

単鉄筋長方形断面の算定は,はり断面に生ずる応力分布を図13.1のように三角形分布と考える.ここで,長方形はり断面の幅をb,有効高さをd,中立軸までの距離をx,鉄筋量をA_s,コンクリートの圧縮応力をσ'_c,鉄筋の応力をσ_s,

$$p = \frac{A_s}{bd}, \quad k = \frac{x}{d}, \quad j = \frac{z}{d},$$

$$n = \frac{E_s}{E_c} = 15 \quad とする.$$

C'を全圧縮応力の総和とし,Tを全引張応力の総和とすると, $C' = T$,

$$M = C'z = Tz$$

の条件を満足するように設計計算をする.

図13.1 単鉄筋長方形断面

1) 断面(b, d),鉄筋量A_sが与えられてコンクリートおよび鉄筋の応力度σ'_c,σ_sを求める.

はり断面が比較的単純な図形でzが容易に求まるときは次式によると簡単である.

$$\sigma'_c = \frac{\sigma_s}{m} = \frac{2M}{kjbd^2} = \frac{k}{n(1-k)}\sigma_s = \frac{2p}{k}\sigma_s, \quad m = \frac{\sigma_{sa}}{\sigma'_{ca}} \tag{13.1}$$

$$\sigma_s = \frac{M}{A_s jd} = \frac{M}{pjbd^2} = \frac{n(1-k)}{k}\sigma'_c = \frac{k}{2p}\sigma'_c = m\sigma'_c \tag{13.2}$$

2) 断面 b,d および応力度 σ'_{ca}, σ_{sa} が与えられて抵抗モーメント M_r を求める.

$$M_c = (\sigma'_c = \sigma'_{ca}) = \frac{1}{2}\sigma'_{ca}kjbd^2 \tag{13.3}$$

$$M_s = (\sigma_s = \sigma_{sa}) = \sigma_{sa}pjbd^2 = \sigma_{sa}A_s jd \tag{13.4}$$

M_r は M_c, M_s の小さい方の値とする.また M_r は次の方法で求めてもよい.
σ'_{ca}, σ_{sa} が与えられているので,σ'_{ca} を次式に代入する.

$$\sigma_s = n\sigma'_{ca}\frac{d-x}{x} = \left(n\sigma'_{ca}\frac{1-k}{k}\right) \text{より } \sigma_s \text{ を求め,求めた } \sigma_s \text{ と与えられている}$$

σ_{sa} を比べて小さい方の値を次式に代入して M_r を求める.

$$M_r = \sigma_s A_s jd \tag{13.5}$$

コンクリートと鉄筋の応力度が同時にそれぞれの許容応力度に達する断面を釣合い断面(balanced section)といい,同時に $M_s = M_c$ となる鉄筋比 p_0 を釣合い鉄筋比(balanced reinforcement ratio)という.p_0 は次式より求める.

$$p_0 = \frac{1}{\dfrac{2\sigma_{sa}}{\sigma'_{ca}}\left(\dfrac{\sigma_{sa}}{n\sigma'_{ca}}+1\right)} = \frac{1}{2m}\cdot\frac{n}{m+n} = \frac{1}{2m}k = \frac{C_2}{C_1} \tag{13.6}$$

3) 曲げモーメント M,断面の幅 b,コンクリートおよび鉄筋の許容応力度 σ'_{ca}, σ_{sa} が与えられていて,断面の有効高さ d と鉄筋量 A_s を求める.

(13.1)式から $\quad d = C_1\sqrt{\dfrac{M}{b}} \tag{13.7}$

ただし,$\quad C_1 = \sqrt{\dfrac{2}{\sigma'_{ca}jk}} \quad,\quad k = \dfrac{n\sigma'_{ca}}{\sigma_{sa}+n\sigma'_{ca}} \quad,\quad j = 1-\dfrac{k}{3}$

$$A_s = p_0 bd = C_2\sqrt{M\cdot b} \tag{13.8}$$

ただし,$\quad C_2 = \sqrt{\dfrac{\sigma'_{ca}k}{2\sigma_{sa}^2 j}} = C_1 p_0 \quad,\quad k = \dfrac{n\sigma'_{ca}}{\sigma_{sa}+n\sigma'_{ca}} \quad,\quad j = 1-\dfrac{k}{3}$

4) 曲げモーメント M，コンクリートおよび鉄筋の応力度 $\sigma'_c = \sigma'_{ca}$，$\sigma_s = \sigma_{sa}$ が与えられていて，断面の幅 b，有効高さ d および鉄筋量 A_s を求める．

$$d = C_1 \sqrt{\dfrac{M}{b}} \quad \text{より，} \quad bd^2 = C_1^2 M \text{ をうる．}$$

したがって b および d の一方または比（一般に $d = (1.5～3)b$）を仮定すると上式 $bd^2 = C_1^2 M$ より断面の幅 b と有効高さ d を求めることができる．また鉄筋量 A_s は次式から求められる．

$$A_s = \dfrac{M}{\sigma_s z} = \dfrac{M}{\sigma_s \left(d - \dfrac{x}{3}\right)} = \dfrac{M}{\sigma_s \left(1 - \dfrac{k}{3}\right)d} = C_2 \sqrt{bM} \tag{13.9}$$

ただし，$C_2 =$ (13.8)式

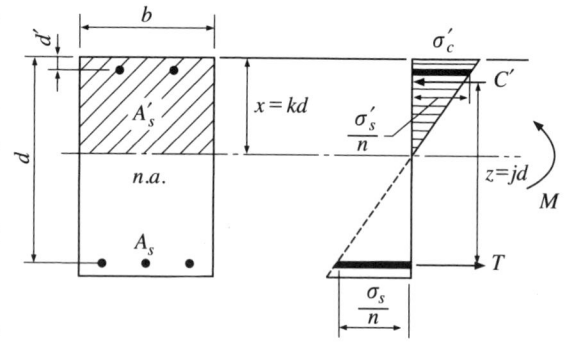

(2) 複鉄筋長方形断面

複鉄筋長方形断面は，はり断面の有効高さが制限されている場合や正負の曲げモーメントを受けるような場合に複鉄筋長方形断面としなければならない．複鉄筋はりにおいても断面の算定は単鉄筋長方形はりと同じように考え，また，はり断面に生ずる応力分布は図 13.2 のように考える．

図 13.2 複鉄筋長方形断面

1) 曲げモーメント M，断面の幅 b，有効高さ d，引張鉄筋量 A_s および圧縮鉄筋量 A'_s が与えられていて，コンクリートおよび鉄筋の応力度 σ'_c，σ_s を求める．
$G_i = 0$ より

$$x = \dfrac{n(A_s + A'_s)}{b} \left[\sqrt{1 + \dfrac{2b(A_s d + A'_s d')}{n(A_s + A'_s)^2}} - 1 \right] \tag{13.10}$$

13.3 長方形断面　127

$$k = \sqrt{n^2(p+p')^2 + 2n(p+rp')} - n(p+p'), \quad r = \frac{d'}{d} \tag{13.11}$$

$$I_i = \frac{bx^3}{3} + nA_s'(x-d')^2 + nA_s(d-x)^2 \tag{13.12}$$

$$\sigma_c' = \frac{M}{I_i} x \tag{13.13}$$

$$\sigma_s = n\frac{M}{I_i}(d-x) = n\sigma_c'\frac{d-x}{x} = n\sigma_c'\left(\frac{1}{k}-1\right) \tag{13.14}$$

$$\sigma_s' = n\frac{M}{I_i}(x-d') = n\sigma_c'\frac{x-d'}{x} \tag{13.15}$$

$$z = d - x + \frac{2}{3} \cdot \frac{bx^3 + 3nA_s'(x-d')^2}{bx^2 + 2nA_s'(x-d')} \tag{13.16}$$

$$j = 1 - k + \frac{2}{3} \cdot \frac{k^3 + 3np'(k-r)^2}{k^2 + 2np'(k-r)} \tag{13.17}$$

$$\sigma_s = \frac{M}{A_s z} = \frac{1}{pj} \cdot \frac{M}{bd^2} \tag{13.18}$$

$$\sigma_c' = \frac{\sigma_s}{n} \cdot \frac{x}{d-x} = \frac{k}{npj(1-k)} \cdot \frac{M}{bd^2} \tag{13.19}$$

$$\sigma_s' = \sigma_s \frac{x-d'}{d-x} = \frac{k-r}{pj(1-k)} \cdot \frac{M}{bd^2} \tag{13.20}$$

2) 断面 b, d, d'，鉄筋量 A_s, A_s' およびコンクリートおよび鉄筋の許容応力度 σ_{ca}'，σ_{sa} が与えられている場合の抵抗モーメント M_r を求める．

与えられた σ_{ca}' の値を次式に代入し σ_s を求める．

$$\sigma_s = n\sigma_{ca}'\frac{d-x}{x}, \quad \text{求めた } \sigma_s \text{ と与えられている } \sigma_{sa} \text{ を比べて小さい方の値を次}$$

式に代入して M_r を求める．

$$M_r = \sigma_s A_s jd \tag{13.21}$$

3) 曲げモーメント M，断面の幅 b，有効高さ d，上部鉄筋までの距離 d'，コンクリートおよび鉄筋の許容応力度 σ_{ca}'，σ_{sa} が与えられていて，鉄筋量 A_s および A_s' を求める．

$$M = Cz = \frac{\sigma'_{ca}bx}{2}\left(d - \frac{x}{3}\right) + \sigma'_s A'_s (d - d') \tag{13.22}$$

$$A'_s = \frac{M - \frac{\sigma'_{ca}bx}{2}\left(d - \frac{x}{3}\right)}{\sigma'_s(d - d')} \tag{13.23}$$

ただし，$x = kd = \dfrac{n\sigma'_{ca}}{n\sigma'_{ca} + \sigma_{sa}}d$ ， $\sigma'_s = n\sigma'_{ca}\dfrac{x - d'}{x}$

$\Sigma H = 0$ から $\quad \dfrac{\sigma'_{ca}bx}{2} + \sigma'_s A'_s = \sigma_{sa} A_s \tag{13.24}$

$$A_s = \frac{bx}{2} \cdot \frac{\sigma'_{ca}}{\sigma_{sa}} + A'_s \frac{\sigma'_s}{\sigma_{sa}} \tag{13.25}$$

ここで，$A'_s < 0$ の時は A'_s は不要であり $A'_s = 0$ として A_s を求める．

4) 曲げモーメント M，断面の幅 b，上部鉄筋までの距離 d'，圧縮鉄筋量 A'_s，コンクリートおよび鉄筋の応力度 σ'_{ca}，σ_{sa} が与えられていて，有効高さ d と引張鉄筋量 A_s を求める．

$$I_i = \frac{bk^2d^2}{2}\left(d - \frac{kd}{3}\right) + nA'_s(kd - d')(d - d') \tag{13.26}$$

$$\sigma_{ca} = \frac{M}{I_i}kd \tag{13.27}$$

$$\therefore \left\{\frac{k^2}{2}\left(1 - \frac{k}{3}\right)b\right\}d^3 + [nkA'_s]d^2 - \left\{nA'_s d'(1+k) + \frac{kM}{\sigma_{ca}}\right\}d + [nA'_s d'^2] = 0 \tag{13.28}$$

$$k = \frac{n\sigma_{ca}}{n\sigma_{ca} + \sigma_{sa}} \tag{13.29}$$

上式を解いて d を求める．

次に (13.30) 式から j を求めて，(13.31) 式から A_s を求める．

$$j = 1 - k + \frac{2}{3} \cdot \frac{k^3 + 3np'(k-r)^2}{k^2 + 2np'(k-r)} \tag{13.30}$$

$$A_s = \frac{M}{\sigma_{sa} jd} \tag{13.31}$$

5) 曲げモーメント M ,断面の幅 b ,コンクリートおよび鉄筋の許容応力度 σ'_{ca} , σ_{sa} , σ'_{sa} が与えられていて,有効高さ d と鉄筋量 A_s , A'_s を求める.

$$A'_s / A_s = \varphi \quad M = \frac{\sigma'_{ca} bx}{2}\left(d - \frac{x}{3}\right) + \sigma'_s A'_s (d - d') \tag{13.32}$$

$C = T$ より,

$$A'_s = \frac{M - \frac{\sigma'_{ca} bx}{2}\left(d - \frac{x}{3}\right)}{\sigma'_s (d - d')} \tag{13.33}$$

$$A_s = \frac{bx}{2}\frac{\sigma'_{ca}}{\sigma_{sa}} + A'_s \frac{\sigma'_s}{\sigma_{sa}} \tag{13.34}$$

$$\frac{1}{\varphi} = \frac{A_s}{A'_s} = \frac{bx}{2} \cdot \frac{\sigma'_{ca}}{\sigma_{sa}} \cdot \frac{\sigma'_s (d - d')}{M - \frac{\sigma'_{ca}}{2} bx\left(d - \frac{x}{3}\right)} + \frac{\sigma'_s}{\sigma_{sa}} \tag{13.35}$$

$$\left[k^2 + \frac{1}{\varphi}(1-k)(3-k)\right]d^3 - \left[4kd'\right]d^2$$
$$+ 3\left[\frac{2M}{b\sigma'_{ca}}\left\{1 - \frac{1}{\varphi}\left(\frac{1}{k} - 1\right)\right\} + d'^2\right]d - \frac{6d'M}{kb\sigma'_{ca}} = 0 \tag{13.36}$$

上式より有効高さ d を求める.

$$\sigma'_{ca}\frac{bx}{2} + \varphi A_s \frac{x - d'}{d - x}\sigma_{sa} = \sigma_{sa} A_s \tag{13.37}$$

$$\therefore A_s = \frac{\sigma'_{ca}}{\sigma_{sa}} \frac{bx(d-x)}{2\{d - x - \varphi(x - d')\}} \tag{13.38}$$

$A'_s = \varphi A_s$ 　で求められる.

13.4 T形断面

(1) 単鉄筋T形断面

T形断面として取り扱うのは中立軸 x がフランジ厚 t より大である場合である.

図13.3のように,ウェブ(腹部)の圧縮領域の面積はフランジ厚に比べて小さく,さらに作用する圧縮応力も小さいことから,簡便のためにウェブのコンクリートの圧縮応力を無視して計算するのが一般的である.またT形断面の設計においても考え方は長方形断面と同じである.

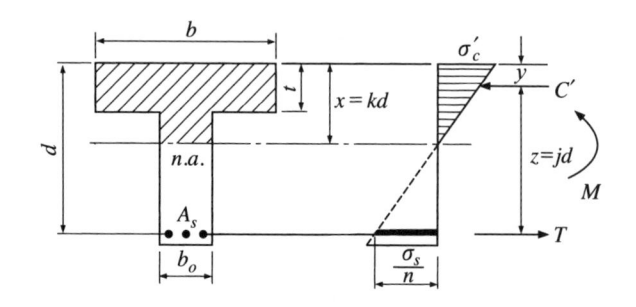

図13.3　単鉄筋T形断面はり

1) 断面および曲げモーメント M が与えられていて,コンクリートおよび鉄筋の応力度 σ'_c, σ_s を求める.

(ウェブの圧縮応力を無視する場合)

$$G_i = 0 \text{ から} \quad x = \frac{bt^2 + 2nA_s d}{2(bt + nA_s)} \tag{13.39}$$

$$y = \frac{t(3x-2t)}{3(2x-t)} = \frac{t}{2} - \frac{t^2}{6(2x-t)} \tag{13.40}$$

$$z = d - y = d - \frac{t}{2} + \frac{t^2}{6(2x-t)} \tag{13.41}$$

および $M = C'z = Tz$ より

$$\sigma'_c = \frac{2xM}{bt(2x-t)z} = \frac{2Mx}{bt(2x-t)(d-y)} \tag{13.42}$$

$$\sigma'_c = \frac{M}{bt\left(d - \dfrac{t}{2k} - \dfrac{t}{2} + \dfrac{t^2}{3kd}\right)} \tag{13.43}$$

$$\sigma_s = \frac{M}{A_s z} = \frac{M}{A_s(d-y)} = \frac{M}{A_s jd} \tag{13.44}$$

$$I_i = \frac{bx^3}{3} - \frac{b(x-t)^3}{3} + nA_s(d-x)^2 = \frac{b}{3}\left[x^3 - (x-t)^3\right] + nA_s(d-x)^2 \quad (13.45)$$

$$\sigma'_c = \frac{M}{I_i} x \quad (13.46)$$

$$\sigma_s = = n\frac{M}{I_i}(d-x) = n\sigma'_c \frac{d-x}{x} \quad (13.47)$$

(ウエブの圧縮応力を考慮する場合)

$$G_c = bt\left(x - \frac{t}{2}\right) + b_0(x-t)\frac{x-t}{2} = \frac{bx^2}{2} - (b-b_0)\frac{(x-t)^2}{2} \quad (13.48)$$

$$G_s = A_s(d-x) \quad (13.49)$$

$$\therefore \frac{bx^2}{2} - \frac{(b-b_0)}{2}(x-t)^2 - nA_s(d-x) = 0 \quad (13.50)$$

$$x = \frac{(b-b_0)t + nA_s}{b_0}\left[\sqrt{1 + \frac{b_0\{(b-b_0)t^2 + 2nA_s d\}}{\{(b-b_0)t + nA_s\}^2}} - 1\right] \quad (13.51)$$

$$I_i = \frac{1}{3}\left\{bx^3 - (b-b_0)(x-t)^3\right\} + nA_s(d-x)^2 \quad (13.52)$$

$$\sigma'_c = \frac{M}{I_i} x \quad (13.53)$$

$$\sigma_s = n\sigma'_c \frac{d-x}{x} = n\frac{M}{I_i}(d-x) \quad (13.54)$$

2) はり断面の抵抗モーメント M_r を求める．(ウエブの圧縮応力を無視する場合)

$$M_c = \sigma'_{ca} bt \frac{2x-t}{2x}(d-y) \quad (13.55)$$

$$M_s = \sigma_{sa} A_s(d-y) \quad (13.56)$$

抵抗モーメント M_r は上式 M_c，M_s のうち小さい方の値である．また M_r は次式より求められる．$\sigma_s = n\sigma'_{ca}\frac{d-x}{x} = n\sigma'_{ca}\frac{1-k}{k}$ より σ_s を求め，与えられてい

る σ_{sa} と比べて小さい方の値を次式 σ_s に代入し求められる．

$$M_r = \sigma_s A_s (d-y) \tag{13.57}$$

3) 断面の算定

① b, t, M, $\sigma'_c = \sigma'_{ca}$, $\sigma_s = \sigma_{sa}$ を与えて d, A_s を求める．
(但しウェブの圧縮応力を無視する場合)

$$k = \frac{x}{d} = \frac{n\sigma'_{ca}}{n\sigma'_{ca} + \sigma_{sa}} \tag{13.58}$$

$$z = d - y = d - \frac{t(3x-2t)}{3(2x-t)} \tag{13.59}$$

$$M = C'z = \sigma'_{ca} bt \left(1 - \frac{t}{2x}\right) z \tag{13.60}$$

これら3式から d を求めると，

$$d = D + \sqrt{D^2 - \frac{t^2}{3k}} \tag{13.61}$$

ただし $\quad D = \dfrac{M}{2\sigma'_{ca} bt} + \dfrac{t}{4}\left(1 + \dfrac{1}{k}\right) \tag{13.62}$

$$C' = T \text{ より} \quad \therefore A_s = \frac{\sigma'_{ca} bt}{\sigma_{sa}} \left(1 - \frac{t}{2x}\right) \tag{13.63}$$

T形断面の場合，$\sigma'_c = \sigma'_{ca}$, $\sigma_s = \sigma_{sa}$ になるように d, A_s を求めることは，合理的ではあるが，あまり経済的な断面とはならない．かえって σ'_c を σ'_{ca} 以下にとり d を大きくして A_s を小さくする方が経済的である．

また次の方法でも求められる．

$$M = M_c \quad M_c = \sigma'_{ca} bt \left(\frac{2x-t}{2x}\right) z \tag{13.64}$$

$$z = d - y = d - \frac{t}{3}\left(\frac{3x-2t}{2x-t}\right) \tag{13.65}$$

$$M = \sigma'_{ca} bt \left(\frac{2kd-t}{2kd}\right)\left\{d - \frac{t}{3}\left(\frac{3kd-2t}{2x-t}\right)\right\} \tag{13.66}$$

$$= \sigma'_{ca} bt \left(d - \frac{t}{2k} - \frac{t}{2} + \frac{t^2}{3kd}\right)\frac{d^2}{2} - \left\{\frac{M}{2\sigma'_{ca} bt} + \frac{t}{4}\left(1 + \frac{1}{k}\right)\right\} d + \frac{t^2}{6k} = 0 \tag{13.67}$$

$$\frac{M}{2\sigma'_{ca}bt} + \frac{t}{4}\left(1 + \frac{1}{k}\right) = D \tag{13.68}$$

とする

$$\frac{d^2}{2} - Dd + \frac{t^2}{6k} = 0 \tag{13.69}$$

$$\therefore d = D + \sqrt{D^2 - \frac{t^2}{3k}}$$

$$= \frac{t}{4}\left(1 + \frac{1}{k}\right) + \frac{M}{2\sigma'_{ca}bt} + \sqrt{\left\{\frac{t}{4}\left(1 + \frac{1}{k}\right) + \frac{M}{2\sigma'_{ca}bt}\right\}^2 - \frac{t^2}{3k}} \tag{13.70}$$

$M = Tz$ および $C = T$ より，鉄筋量 A_s は，

$$A_s = \frac{M}{\sigma_{sa}z} = \frac{\sigma'_{ca}bt}{\sigma_{sa}}\left(1 - \frac{t}{2x}\right) \tag{13.71}$$

② M, b, t, d, $\sigma'_c = \sigma'_{ca}$ が与えられていて，σ_s, A_s を求める．

$$M = \frac{\sigma'_c bt}{2}\left(\frac{2x-t}{x}\right)(d-y) \tag{13.72}$$

$$2M - bt\sigma'_c\left(2d - t - \frac{dt}{x} + \frac{2t^2}{3x}\right) = 0 \tag{13.73}$$

$$x = \frac{t\left(d - \frac{2}{3}t\right)}{2d - t - \frac{2M}{bt\sigma'_c}} \tag{13.74}$$

$$\sigma_s = n\sigma'_{ca}\frac{d-x}{x} = n\sigma'_{ca}\frac{1-k}{k} \tag{13.75}$$

$C = T$ より $\quad A_s = \frac{bt\sigma'_c}{\sigma_s}\left(1 - \frac{t}{2x}\right) \tag{13.76}$

③ M, b, t, d, $\sigma_s = \sigma_{sa}$ が与えられていて，σ'_c, A_s を求める．

$$2M - bt\sigma'_c\left(2d - t - \frac{dt}{x} + \frac{2t^2}{3x}\right) = 0 \quad \sigma'_c = \frac{\sigma_s x}{n(d-x)} \text{ を代入}$$

134　第13章　許容応力度設計法

$$2M - bt\frac{\sigma_s x}{n(d-x)}\left(2d - t - \frac{dt}{x} + \frac{2t^2}{3x}\right) = 0 \tag{13.77}$$

$$x = \frac{\dfrac{2ndM}{bt\sigma_s} + t\left(d - \dfrac{2}{3}t\right)}{\dfrac{2nM}{bt\sigma_s} + 2d - t} \tag{13.78}$$

$$\sigma'_c = \frac{\sigma_s x}{n(d-x)} \qquad C' = T \text{ より} \qquad A_s = \frac{bt\sigma'_c}{\sigma_s}\left(1 - \frac{t}{2x}\right) \tag{13.79}$$

(2) 複鉄筋 T 形断面

T 形断面は圧縮部のフランジ面積が大きいので一般に A'_s は不要となる．

しかし，同一断面においてはりの有効高さが制限されている場合や，正負の曲げモーメントを生ずるときは複鉄筋にする．

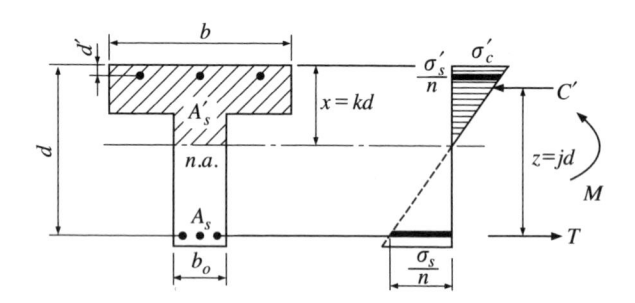

図13.4　複鉄筋 T 形断面

1) 複鉄筋T形はりの各断面と鉄筋量が既知の場合のコンクリートおよび鉄筋の応力を求める．

（ウェブの圧縮応力を無視する場合）

$$G_t = 0 \quad \text{より} \quad bt\left(x - \frac{t}{2}\right) + nA'_s(x - d') - nA_s(d - x) = 0 \tag{13.80}$$

$$x = \frac{bt^2 + 2n(A'_s d' + A_s d)}{2[bt + n(A_s + A'_s)]} \tag{13.81}$$

$$I_i = \frac{b}{3}\left[x^3 - (x-t)^3\right] + n\left[A_s'(x-d')^2 + A_s(d-x)^2\right] \tag{13.82}$$

$$\sigma_c' = \frac{M}{I_i}x, \quad \sigma_s = n\frac{M}{I_i}(d-x), \quad \sigma_s' = n\frac{M}{I_i}(x-d') \tag{13.83}$$

(ウェブの圧縮応力を考慮する場合)

$$G_i = \frac{bx^2}{2} - (b-b_0)\frac{(x-t)^2}{2} + nA_s'(x-d') - nA_s(d-x) = 0 \tag{13.84}$$

$$b_0 x^2 + 2x\{t(b-b_0) + n(A_s + A_s')\} - t^2(b-b_0) - 2n(A_s d + A_s') = 0 \tag{13.85}$$

$$x = -\frac{t(b-b_0) + n(A_s + A_s')}{b_0} +$$

$$\sqrt{\left\{\frac{t(b-b_0) + n(A_s + A_s')}{b_0}\right\}^2 + \frac{t^2(b-b_0) + 2n(A_s d + A_s' d')}{b_0}} \tag{13.86}$$

ここで，$A = (b-b_0)t + n(A_s + A_s') \quad B = (b-b_0)t^2 + 2n(A_s d + A_s' d')$ とすると，

$$x = \frac{1}{b_0}\left[\sqrt{A^2 + b_0 B} - A\right] \tag{13.87}$$

$$I_i = \frac{1}{3}\left[bx^3 - (b-b_0)(x-t)^3\right] + n\left[A_s(d-x)^2 + A_s'(x-d')^2\right] \tag{13.88}$$

$$\sigma_c' = \frac{M}{I_i}x \quad \sigma_s = n\frac{M}{I_i}(d-x) \quad \sigma_s' = n\frac{M}{I_i}(x-d') \tag{13.89}$$

2) 断面の抵抗モーメント M_r を求める．

$$\sigma_s = n\sigma_{ca}'\left(\frac{d-x}{x}\right) = n\sigma_{ca}'\left(\frac{1-k}{k}\right)$$ より σ_s を求め，与えられた σ_{sa} と比べて小さい方の値を次式に代入して M_r を求める．

$$M_r = \sigma_s A_s jd \tag{13.90}$$

3) $M, b, d, d', \sigma_{ca}', \sigma_{sa}$ が与えられていて，鉄筋量 A_s, A_s' を求める．

$$M = C'z \text{ より } \quad M = \frac{\sigma_{ca}' bx}{2}\left(d - \frac{x}{3}\right) + A_s'\sigma_s'(d-d') \tag{13.91}$$

$$A'_s = \frac{M - \dfrac{\sigma'_{ca}bx}{2}\left(d - \dfrac{x}{3}\right)}{\sigma'_s(d - d')} \tag{13.92}$$

$C' = T$ より $\quad A_s = \dfrac{bx}{2} \cdot \dfrac{\sigma'_{ca}}{\sigma_{sa}} + A'_s \dfrac{\sigma'_s}{\sigma_{sa}} \tag{13.93}$

ここで $M \leqq \dfrac{\sigma'_{ca}bx}{2}\left(d - \dfrac{x}{3}\right)$ の時には A'_s は不要であり $A'_s = 0$ として A_s のみを求める．また鉄筋量は次の方法で求められる．

$M = M_1 + M_2 \quad A_s = A_{s1} + A_{s2}$

$$M_1 = \frac{\sigma'_{ca}bt}{2x}(2x - t)(d - y) \tag{13.94}$$

$$\sigma_{sa}A_{s1} = \sigma'_{ca}bt\left(\frac{2x - t}{2x}\right) \quad A_{s1} = \frac{\sigma'_{ca}bt}{\sigma_{sa}}\left(1 - \frac{t}{2x}\right) \tag{13.95}$$

$$M_2 = M - M_1 \qquad M_2 = \sigma_{sa}A_{s2}(d - d') = \sigma'_s A'_s(d - d') \tag{13.96}$$

$$A_{s2} = \frac{M_2}{\sigma_{sa}(d - d')}$$

$$A'_s = \frac{M_2}{\sigma'_s(d - d')} = A_{s2}\frac{\sigma_{sa}}{\sigma'_s} \tag{13.97}$$

$M_2 = M - M_1$ において，$M_2 \leqq 0$ のときは理論上 A'_s は不要となるから，$A_s = A_{s1}$ とする．また，$M_2 > 0$ のときはこの M_2 を A'_s と A_{s2} で負担させる．なお，$\sigma'_{s1} > \sigma_{sa}$ となった場合は，$A'_s = A_{s2}$ とする．

例題 13.1 単鉄筋長方形断面において $b = 300$ mm, $d = 500$ mm, $A_s = 1000$ mm², $M = 80$ kN・m のとき σ_c, σ_s を求めよ．

〔解答〕

$$np = n\frac{A_s}{bd} = 15 \times \frac{1000}{300 \times 500} = 0.1$$

$$k = \sqrt{(np)^2 + 2np} - np = \sqrt{(0.1)^2 + 2 \times 0.1} - 0.1 = 0.358$$

$$j = 1 - \frac{k}{3} = 1 - \frac{0.358}{3} = 0.881$$

$$\sigma_c' = \frac{2M}{kjbd^2} = \frac{2 \times 80 \times 10^6}{0.358 \times 0.881 \times 300 \times 500^2} = 6.76 \text{ N/mm}^2$$

$$\sigma_s = \sigma_c' \frac{n(1-k)}{k} = 6.76 \times \frac{15 \times (1 - 0.358)}{0.358} = 181.8 \text{ N/mm}^2$$

例題 13.2 $b = 400$ mm, $d = 600$ mm, $A_s = 2000$ mm², $\sigma_{ca}' = 7$ N/mm², $\sigma_{sa} = 160$ N/mm² のとき，抵抗モーメント M_r を求めよ．

〔解答〕

$$np = n\frac{A_s}{bd} = 15 \times \frac{2000}{400 \times 600} = 0.125$$

$$k = \sqrt{(np)^2 + 2np} - np = \sqrt{(0.125)^2 + 2 \times 0.125} - 0.125 = 0.390$$

$$j = 1 - \frac{k}{3} = 1 - \frac{0.390}{3} = 0.870$$

$$M_c = \frac{1}{2}\sigma_{ca}' \, kjbd^2 = \frac{1}{2} \times 7 \times 0.390 \times 0.870 \times 400 \times 600^2 = 171007200 \text{ N・mm}$$

$$M_s = \sigma_{sa} pjbd^2 = 160 \times 0.008 \times 0.870 \times 400 \times 600^2 = 160358400 \text{ N・mm}$$

$$\therefore M_r = 160 \text{ kN・m}$$

例題 13.3　$M = 120$ kN·m, $\sigma'_{ca} = 6.5$ N/mm², $\sigma_{sa} = 140$ N/mm²における単鉄筋長方形断面を設計せよ．

〔解答〕

$$m = \frac{\sigma_{sa}}{\sigma'_{ca}} = \frac{140}{6.5} = 21.54 \qquad p_0 = \frac{1}{2m} \cdot \frac{n}{m+n} = 0.00953$$

$$k = \frac{n}{m+n} = \frac{15}{21.54+15} = 0.4105, \quad j = 1 - \frac{k}{3} = 1 - \frac{0.4105}{3} = 0.863$$

$$C_1 = \sqrt{\frac{2}{\sigma'_{ca} jk}} \qquad d = C_1\sqrt{\frac{M}{b}} = 0.931 \times \sqrt{\frac{120 \times 10^6}{b}}$$

以上の計算から下記結果が得られ適宜決定する．

$b = 250$ mm, $\qquad b = 300$ mm, $\qquad b = 350$ mm

$d = 645$ mm, $\qquad d = 589$ mm, $\qquad d = 545$ mm

$A_s = 1537$ mm², $\quad A_s = 1683$ mm², $\quad A_s = 1818$ mm²

例題 13.4　複鉄筋長方形断面において，$b = 400$ mm, $d = 600$ mm, $d' = 60$ mm, $A_s = 2400$ mm², $A'_s = 1200$ mm²のはりに $M = 100$ kN·m 作用するとき σ'_c, σ'_s, σ_s を求めよ．

〔解答〕

$$p = \frac{A_s}{bd} = \frac{2400}{400 \times 600} = 0.01 \qquad p' = \frac{A'_s}{bd} = \frac{1200}{400 \times 600} = 0.005$$

$$r = \frac{d'}{d} = \frac{60}{600} = 0.1 \qquad k = \sqrt{n^2(p+p')^2 + 2n(p+rp')} - n(p+p')$$

$x = kd = 0.380 \times 600 = 228$ mm

$$I_i = \frac{bx^3}{3} + nA'_s(x-d')^2 + nA_s(d-x)^2 = 7070 \times 10^6 \text{ mm}^4$$

$$\sigma'_c = \frac{M}{I_i}x = \frac{100 \times 10^6}{7070 \times 10^6} \times 228 = 3.22 \text{ N/mm}^2$$

$$\sigma_s = n\sigma_c \frac{d-x}{x} = 15 \times 3.2 \times \frac{600-228}{228} = 78.8 \text{ N/mm}^2$$

$$\sigma'_s = n\sigma'_c \frac{x-d'}{x} = 15 \times 3.2 \times \frac{228-60}{228} = 35.6\,\text{N/mm}^2$$

例題 13.5 前問 13.4）において $\sigma'_{ca} = 7\,\text{N/mm}^2$, $\sigma_{sa} = 180\,\text{N/mm}^2$ のとき抵抗モーメント M_r を求めよ．

〔解答〕

$$\sigma_s = n\sigma'_c \frac{1-k}{k} = 15 \times 7 \times \frac{1-0.380}{0.380} = 171.3\,\text{N/mm}^2 < \sigma_{sa} = 180\,\text{N/mm}^2$$

$$\therefore M_r = \sigma_s A_s jd = 171.3 \times 2400 \times 0.873 \times 600 = 215344656 \fallingdotseq 215.3\,\text{kN·m}$$

例題 13.6 複鉄筋長方形断面において $M = 250\,\text{kN·m}$, $\sigma'_{ca} = 6\,\text{N/mm}^2$, $\sigma_{sa} = 140\,\text{N/mm}^2$, $b = 400\,\text{mm}$, $d = 700\,\text{mm}$, $d' = 60\,\text{mm}$ のとき A_s, A'_s を求めよ．

〔解答〕

$$x = \frac{n\sigma'_{ca}}{n\sigma'_{ca} + \sigma_{sa}} \times d = 274\,\text{mm} \quad \sigma'_s = n\sigma'_{ca} \frac{x-d'}{x} = 70.3\,\text{N/mm}^2$$

$$A'_s = \frac{M - \dfrac{\sigma'_{ca}}{2} bx\left(d - \dfrac{x}{3}\right)}{\sigma'_s(d-d')} = 1110\,\text{mm}^2$$

$$A_s = \frac{bx}{2}\frac{\sigma'_{ca}}{\sigma_{sa}} + A'_s \frac{\sigma'_s}{\sigma_{sa}} = \frac{400 \times 274}{2} \times \frac{6}{140} + 1110 \times \frac{70.3}{140} = 2910\,\text{mm}^2$$

例題 13.7 複鉄筋長方形断面において $M = 200\,\text{kN·m}$, $\sigma'_{ca} = 7\,\text{N/mm}^2$, $\sigma_{sa} = 160\,\text{N/mm}^2$, $b = 350\,\text{mm}$, $d' = 50\,\text{mm}$, $A'_s = 800\,\text{mm}^2$ のとき A_s, d を求めよ．

〔解答〕

$$\left[\frac{k^2}{2}\left(1-\frac{k}{3}\right)b\right]d^3 + \left[nkA'_s\right]d^2 - \left[nA'_s d'(1+k) + \frac{kM}{\sigma_{ca}}\right]d + \left[nA'_s d'^2\right] = 0$$

$$\left[\frac{0.396^2}{2} \times \left(1 - \frac{0.396}{3}\right) \times 350\right]d^3 + [15 \times 0.396 \times 800]d^2$$

$$- \left[15 \times 800 \times 50 \times (1 + 0.396) + \frac{0.396 \times 200 \times 10^6}{7}\right]d + [15 \times 800 \times 50^2] = 0$$

$$d^3 + 199.5d^2 - 510147.2d + 125942.7 = 0$$

$$f'(d) = 3d^2 + 399d - 510147.2$$

$$d_1 = \frac{d_0^3 + 199.5d_0^2 - 510147.2d_0 + 125942.7}{3d_0^2 + 399d_0 - 510142.7} = 621 \text{ mm}$$

$$d_2 = \frac{d_1^3 + 199.5d_1^2 - 510147.2d_1 + 125942.7}{3d_1^2 + 399d_1 - 510142.7} = 620 \text{ mm}$$

$d = 620$ mm を採用

$$A_s = \frac{M}{\sigma_{sa}jd} = \frac{200 \times 10^6}{160 \times 0.877 \times 620} = 2300 \text{ mm}^2$$

例題 13.8 複鉄筋長方形ばりに $M = 200$ kN・m, M' (負の曲げモーメント) $= 100$ kN・m が作用する。$\sigma'_{ca} = 7$ N/mm², $\sigma_{sa} = 160$ N/mm², $b = 350$ mm の場合の d, A_s, A'_s を求めよ.

〔解答〕

$$\varphi = \frac{A'_s}{A_s} = \frac{M'}{M} = \frac{100}{200} = 0.5, \quad k = \frac{n\sigma'_{ca}}{n\sigma'_{ca} + \sigma_{sa}} = \frac{15 \times 7}{15 \times 7 + 160} = 0.396$$

$$\left[k^2 + \frac{1}{\varphi}(1-k)(3-k)\right]d^3 - [4kd']d^2 + 3\left[\frac{2M}{b\sigma'_{ca}}\left\{1 - \frac{1}{\varphi}\left(\frac{1}{k} - 1\right)\right\} + d'^2\right]d$$

$$- \frac{6d'M}{kb\sigma'_{ca}} = 0$$

$$\left[0.396^2 + \frac{1}{0.5} \times (1 - 0.396) \times (3 - 0.396)\right]d^3 - [4 \times 0.396 \times 50]d^2 +$$

$$3 \times \left[\frac{2 \times 200 \times 10^6}{350 \times 7}\left\{1 - \frac{1}{0.5} \times \left(\frac{1}{0.396} - 1\right)\right\} + 50^2\right]d - \frac{6 \times 50 \times 200 \times 10^6}{0.396 \times 350 \times 7} = 0$$

$$d^3 - 23.982d^2 - 301845d - 18726387 = 0$$

$$f'(d) = 3d^2 - 47.964d - 301845$$

これより $d = 590$ mm $x = kd = 0.396 \times 590 = 234$ mm

$$A_s = \frac{\sigma'_{ca}}{\sigma_{sa}} \frac{bkx(d-x)}{2[d-x-\varphi(d-d')]} = 2416 \text{ mm}^2$$

$$A'_s = \varphi A_s = 0.5 \times 2416 = 1208 \text{ mm}^2$$

例題 13.9　T 形はりにおいて $M = 250$ kN·m, $b = 1200$ mm, $d = 600$ mm, $t = 150$ mm, $b_o = 400$ mm, $A_s = 3500$ mm² のとき σ'_c, σ_s を求めよ.

〔解答〕

腹部の圧縮応力を考慮すると

$$x = \frac{(b-b_0)t + nA_s}{b_0}\left[\sqrt{1+\frac{b_0\{(b-b_0)t^2+2nA_sd\}}{\{(b-b_0)t+nA_s\}^2}}-1\right] = 192 \text{ mm}$$

$$I_i = \frac{1}{3}\left[bx^3 - (b-b_0)(x-t)^3\right] + nA_s(d-x)^2 = 11549 \times 10^6 \text{ mm}^4$$

$$\sigma'_c = \frac{M}{I_i}x = \frac{250 \times 10^6}{11549 \times 10^6} \times 192 = 4.16 \text{ N/mm}^2$$

$$\sigma_s = n\sigma'_c\frac{d-x}{x} = 15 \times 4.2 \times \frac{600-192}{192} = 132.6 \text{ N/mm}^2$$

腹部の圧縮応力を無視すると

$$x = \frac{bt^2 + 2nA_sd}{2(bt+nA_s)} = \frac{1200 \times 150^2 + 2 \times 15 \times 3500 \times 600}{2 \times (1200 \times 150 + 15 \times 3500)} = 194 \text{ mm}$$

$$I_i = \frac{b}{3}\left[x^3 - (x-t)^3\right] + nA_s(d-x)^2 = 11585 \times 10^6 \text{ mm}^4$$

$$\sigma'_c = \frac{M}{I_i}x = \frac{250 \times 10^6}{11585 \times 10^6} \times 194 = 4.19 \text{ N/mm}^2$$

$$\sigma_s = n\sigma'_c\frac{d-x}{x} = 15 \times 4.2 \times \frac{600-194}{194} = 131.9 \text{ N/mm}^2$$

例題 13.10 例題 13.9 において $\sigma'_{ca} = 6.5\,\text{N/mm}^2$, $\sigma_{sa} = 160\,\text{N/mm}^2$ のとき M_r を求めよ．

〔解答〕

$$y = \frac{t(3x - 2t)}{3(2x - t)} = \frac{150 \times (3 \times 192 - 2 \times 150)}{3 \times (2 \times 192 - 150)} = 59\,\text{mm}$$

$$M_c = \sigma'_{ca} bt \frac{2x - t}{2x}(d - y) = 385716.1\,\text{N·mm}$$

$$M_s = \sigma_{sa} A_s (d - y) = 3029616.1\,\text{N·mm} \qquad \therefore M_r = M_s \fallingdotseq 303\,\text{kN·m}$$

例題 13.11 T型ばりにおいて $M = 200\,\text{kN·m}$, $b = 1000\,\text{mm}$, $t = 150\,\text{mm}$, $\sigma'_{ca} = 5\,\text{N/mm}^2$ $\sigma_{sa} = 140\,\text{N/mm}^2$ のとき d, A_s を求めよ．

〔解答〕

$$k = \frac{n\sigma'_{ca}}{n\sigma'_{ca} + \sigma_{sa}} = 0.349 \qquad D = \frac{M}{2\sigma'_{ca} bt} + \frac{t}{4}\left(1 + \frac{1}{k}\right) = 278.3\,\text{mm}$$

$$d = D + \sqrt{D^2 - \frac{t^2}{3k}} = 515\,\text{mm} \qquad A_s = \frac{\sigma'_{ca} bt}{\sigma_{sa}}\left(1 - \frac{t}{2x}\right) = 3120\,\text{mm}^2$$

13.4 T形断面

例題 13.12 T形はりにおいて $M = 550\,\text{kN·m}$, $\sigma'_{ca} = 7\,\text{N/mm}^2$, $\sigma_{sa} = 160\,\text{N/mm}^2$, $b = 1200\,\text{mm}$, $t = 150\,\text{mm}$, $d = 600\,\text{mm}$, $d' = 50\,\text{mm}$ のとき，必要な A_s, A'_s を求めよ．

〔解答〕

$$k = \frac{n\sigma'_{ca}}{n\sigma'_{ca} + \sigma_{sa}} = \frac{15 \times 7}{15 \times 7 + 160} = 0.396 \quad x = kd = 0.396 \times 600 = 238\,\text{mm}$$

$$A_{s1} = \frac{bt(2x-t)\sigma_{ca}}{2x\sigma_{sa}} = 5393\,\text{mm}^2 \quad y = \frac{t}{3}\frac{(3x-2t)}{(2x-t)} = 63\,\text{mm}$$

$$M_1 = A_{s1}\sigma_{sa}(d-y) = 5393 \times 160 \times (600-63) = 463\,\text{kN·m}$$

$$M_2 = M - M_1 = 550 \times 10^6 - 463 \times 10^6 = 87\,\text{kN·m}$$

$$A_{s2} = \frac{M_2}{\sigma_{sa}(d-d')} = \frac{87 \times 10^6}{160 \times (600-50)} = 989\,\text{mm}^2$$

$$\therefore A_s = A_{s1} + A_{s2} = 6382\,\text{mm}^2 \quad A'_s = A_{s2}\frac{d-x}{x-d'} = 1904\,\text{mm}^2$$

例題 13.13 単鉄筋ばりの断面が $b = 400\,\text{mm}$, $d = 550\,\text{mm}$, スパン $= 8000\,\text{mm}$, 鉄筋量 $A_s = 6-\phi22$，支点せん断力は $112\,\text{kN}$ とするとき，せん断応力 τ と付着応力度 τ_o を求めよ．

〔解答〕

$$A_s = 6\phi 22 = 2281\,\text{mm}^2, \quad p = \frac{A_s}{bd} = 0.0104, \quad j = 1 - \frac{k}{3} = 0.859$$

$$\therefore \tau = \frac{S}{bjd} = \frac{112000}{400 \times 0.859 \times 550} = 0.593\,\text{N/mm}^2$$

付着応力度 τ_o は 4 本を折曲げるとすると $U = 276.5\,\text{mm}$ であるから，

$$\tau_0 = \frac{S}{2Ujd} = \frac{112000}{2 \times 276.5 \times 0.859 \times 550} = 0.429\,\text{N/mm}^2$$

第14章 限界状態設計法による倒立T形擁壁の設計例

14.1 設計条件

ここでは，鉄筋コンクリート構造物の設計例として，倒立T形擁壁を採り上げ，限界状態設計法による設計を解説する．擁壁は一般に鉛直面部材であり，部材軸に対して直角方向に土圧を受けるものとする．

(1) 一般条件

設計の一般条件として，以下の事項が与えられているものとする．

（図 14.1 参照）

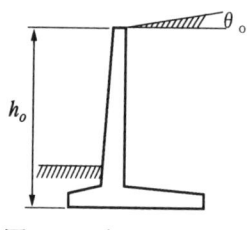

図 14.1 倒立T形擁壁

1) 壁高： $h_0 = 4.7$ m
2) 背面の地表面と水平とのなす角： $\theta_0 = 0°$
3) 基礎形式：直接基礎
4) 土の性質
 a．裏込土
  単位容積質量： $w_1 = 17$ kN/m³
  内部摩擦角： $\phi_1 = 30°$
 b．基礎地盤
  単位容積質量： $w_2 = 18$ kN/m³
  内部摩擦角： $\phi_2 = 40°$

(2) 設計荷重

設計荷重として，以下の事項が与えられているものとする．

1）擁壁自重

鉄筋コンクリートの単位容積質量：$w_0 = 24 \text{ kN/m}^3$

2）上載荷重：$q = 3.5 \text{ kN/m}^2$

ただし，剛体安定の検討を行う場合には，この荷重は考慮しない．

3）地震

水平震度：$k_h = 0.2$ 　　　鉛直震度：$k_v = 0$

4）土圧

土圧は次の仮定に従って計算する．

① 剛体安定およびフーチングの検討を行う場合

擁壁の仮想背面を鉛直壁上端とフーチングのかかとを結ぶ平面とし，土圧は仮想背面に作用するものとする（**図 14.2(a)**）．

土圧算定時の壁面摩擦角 δ は裏込土の内部摩擦角 ϕ_1 に等しいとする．仮想背面と鉛直壁との間の土は擁壁の一部と見なす．

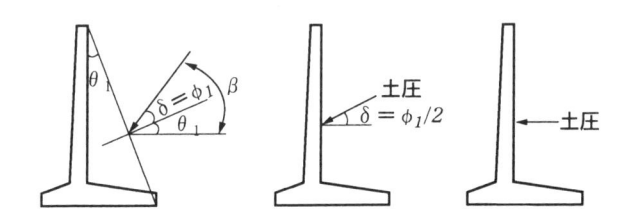

(a) 剛体安定とフーチング　　**(b) 鉛直壁（常時）**　　**(c) 鉛直壁（地震時）**

図 14.2　土圧の計算における仮定

② 鉛直壁の検討を行う場合

鉛直壁背面を土圧の作用面とし，壁面摩擦角 δ は裏込土の内部摩擦角 ϕ_1 の 1/2 に等しいものとする（**図 14.2(b)**）．

ただし，地震時の壁面摩擦角は 0 とする（**図 14.2(c)**）．

③ 土圧はクーロン土圧による．主働土圧係数 k は次式による．

常時：

$$k_1 = \frac{\cos^2(\phi_1 - \theta_1)}{\cos^2\theta_1 \cos\beta(1+c_1)^2} \tag{14.1}$$

$$c_1 = \sqrt{\frac{\sin(\phi_1 + \delta)\sin(\phi_1 - \theta_0)}{\cos\beta \cos(\theta_1 - \theta_0)}} \tag{14.2}$$

地震時:

$$k_2 = \frac{\cos^2(\phi_1 - \theta_1 - \theta_2)}{\cos^2\theta_1 \cos(\beta + \theta_2)\cos\theta_2(1+c_2)^2} \tag{14.3}$$

$$c_2 = \sqrt{\frac{\sin(\phi_1 + \delta)\sin(\phi_1 - \theta_0 - \theta_2)}{\cos(\beta + \theta_2)\cos(\theta_1 - \theta_0)}} \tag{14.4}$$

ここに,

δ : 壁面摩擦角

θ_0 : 地表面と水平面とのなす角

θ_1 : 仮想背面と鉛直面とのなす角

$\theta_2 = \tan^{-1} k_h$

k_h : 水平震度

β : 土圧の作用方向と水平面とのなす角

　　$= \delta + \theta_1$　　(図 **14.2** 参照)

(3) **剛体安定に対する検討方法**

1) 転倒に対する終局限界状態の検討は次式による.

$$\gamma_i M_{sd} / M_{rd} \leqq 1.0 \tag{14.5}$$

ここに,

γ_i : 構造物係数

M_{rd} : 転倒に対するフーチング底面端部における設計抵抗モーメント　$(= M_{rk}/\gamma_0)$

M_{rk} : 荷重の公称値を用いて求めた抵抗モーメント

γ_0 : 転倒に関する安全係数

　　　荷重の公称値の望ましくない方向への変動,荷重の算出方法の不確実性,地盤の変形などによる抵抗モーメント算出上の不確実性等を考慮して定める.

M_{sd} : フーチング底面端部における設計転倒モーメント

2）滑動に対する終局限界状態の検討は次式による．
$$\gamma_i H_{sd} / H_{rd} \leqq 1.0 \tag{14.6}$$
ここに，

γ_i : 構造物係数

H_{rd} : 滑動に対する設計抵抗力　（$= H_{rk}/\gamma_h$）

H_{rk} : フーチング底面と基礎地盤との間の摩擦力および粘着力およびフーチング前面の受動土圧より求めた滑動に対する抵抗力．滑動に対する抵抗力を求める場合の荷重は公称値を用いる．

γ_h : 滑動に関する安全係数

　　滑動に対する抵抗力の公称値からの望ましくない方向への変動等を考慮して定める．

H_{sd} : 設計水平力

3）鉛直支持に対する終局限界状態の検討は次式による．
$$\gamma_i V_{sd} / V_{rd} \leqq 1.0 \tag{14.7}$$
ここに，

γ_i : 構造物係数

V_{rd} : 地盤の設計鉛直支持力　（$= V_{rk}/\gamma_v$）

V_{rk} : 地盤の鉛直支持力

γ_v : 鉛直支持に関する安全係数

　　鉛直支持力の特性値からの望ましくない方向への変動等を考慮して定める．

V_{sd} : 地盤の設計反力

4）常時において基礎の浮上りがないこと．

(4) 安全係数

安全係数は**表 14.1** の値とする．

表 14.1 安全係数

	終局限界状態				使用限界状態
	断面破壊		剛体安定		
	常時	地震時	常時	地震時	
コンクリート γ_c	1.3	1.3	—	—	1.0
鉄筋 γ_s	1.0	1.0	—	—	1.0
部材 γ_b 曲げ	1.15	1.15	—	—	1.0
γ_b せん断	1.3	1.3	—	—	1.0
$\gamma_0 \cdot \gamma_h \cdot \gamma_v$	—	—	1.5	1.5	1.0
構造解析 γ_a	1.0	1.0	1.0	1.0	1.0
荷重 γ_f	1.15	1.15	—	—	1.0
構造物 γ_i	1.15	1.0	1.5	1.0	1.0

(5) その他

1）ひび割れ検討用の環境条件

　　ひび割れ検討用の環境条件は，一般の環境とする．

14.2 使用材料および断面の仮定

(1) 使用材料

コンクリートおよび鉄筋の力学的性質を以下のように仮定する．

1）　コンクリート：$f'_{ck} = 24 \text{ N/mm}^2$
2）　鉄筋：SD295（$f_{yk} = 295 \text{ N/mm}^2$）

(2) 断面

1）擁壁の形状寸法

　　形状寸法を**図 14.3** のように仮定する．

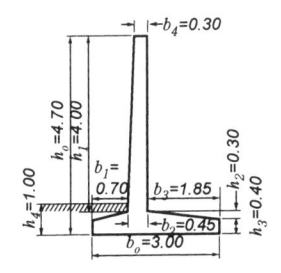

図14.3 擁壁の形状寸法（単位m）の仮定

2）鉛直壁の配筋

　鉛直壁は，フーチングを固定端とする1方向片持スラブにモデル化できる．スラブは，厚さが長さあるいは幅に比べて薄い平面状の部材であって，荷重がその面にほぼ直角に作用するものをいう．

　スラブは曲げモーメントに対して，各点で単位幅当たりのはりとして，一般に，直角2方向について検討するのであるが，鉛直壁は，1方向の曲げモーメントが卓越するので，1方向スラブにモデル化できるのである．

　スラブの主鉄筋間隔をあまり大きくすると，コンクリートと鉄筋とが一体として作用しないおそれがあるので，示方書では，スラブの軸方向主鉄筋の中心間隔を，

① 最大曲げモーメントの生じる断面でスラブ厚さの2倍以下で300mm以下

② その他の断面でもスラブの厚さの3倍以下で400mm以下，

とするように規定されている．

　これらのことを考慮して，鉛直壁の軸方向主鉄筋として，最大曲げモーメントの生じる断面に，D16(A_s=198.6 mm²)を125mm間隔に配置し，フーチング上面から2m離れた位置からその数を半分にし，250mm間隔とすると仮定する（図14.4参照）．

　スラブ作用を期待するためには，単にはりとしての軸方向鉄筋を配置するだけでは不十分であって，軸方向鉄筋と直角方向にも鉄筋を配置する必要がある．この鉄筋を配力鉄筋という．

配力鉄筋の量は，等分布荷重を受ける場合には，主鉄筋量の 1/6 以上とする必要がある．また，片持スラブの圧縮側には，スパン直角方向に直径 6mm 以上の鉄筋をスラブ厚さの3倍以下の間隔で配置する必要がある．本設計例では，D13(A_s =126.7 mm²)を 250mm ピッチに配置することとする．このようにすると，配力鉄筋量の主鉄筋量に対する比率は，

(126.7/250)/(198.6/125)=0.32>1/6　となる．

3）フーチングの配筋

フーチングは，分布荷重を受ける1方向スラブにモデル化できる．したがって，鉛直壁に準じて，図 14.5 に示すように，軸方向主鉄筋および配力鉄筋を配置すると仮定する．

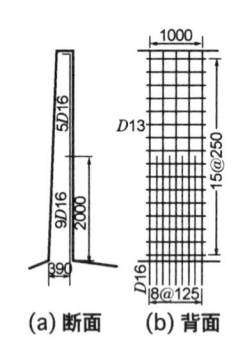

図 14.4　鉛直壁に配置する鉄筋（単位 mm）

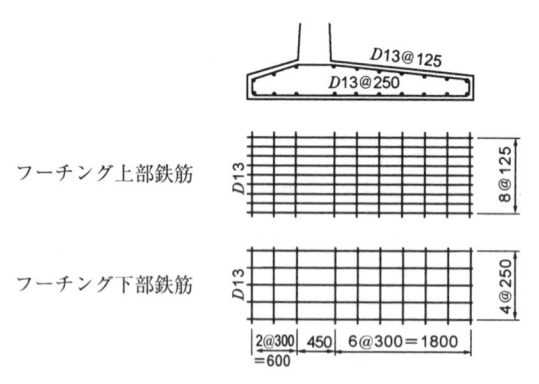

図 14.5　フーチングに配置する鉄筋（単位 mm）

14.3 剛体の安定

(1) 土圧およびその作用位置

1) 常時

主働土圧係数 k_1 を式 (14.1) および式 (14.2) を用いて求める.

ここに,

$\theta_0 = 0°$

$\theta_1 = \tan^{-1}(b_3/h_0) = \tan^{-1}(1.85/4.70) = 21.5°$

$\phi_1 = 30°$

$\delta = \phi_1 = 30°$

$\beta = \delta + \theta_1 = 30° + 21.5° = 51.5°$

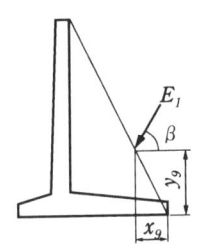

図 14.6 土圧の作用位置

$$c_1 = \sqrt{\frac{\sin(\phi_1 + \delta)\sin(\phi_1 - \theta_0)}{\cos\beta\cos(\theta_1 - \theta_0)}} = \sqrt{\frac{\sin(30° + 30°)\sin(30° - 0°)}{\cos 51.5° \cos(21.5° - 0°)}} = 0.865$$

$$k_1 = \frac{\cos^2(\phi_1 - \theta_1)}{\cos^2\theta_1 \cos\beta(1+c_1)^2} = \frac{\cos^2(30° - 21.5°)}{\cos^2 21.5° \cos 51.5°(1+0.865)^2} = 0.522$$

土圧は三角形分布になるので，その大きさ E_1 および作用位置は次のようになる (図 **14.6** 参照).

$E_1 = k_1 w_1 h_0^2 / 2 = 0.522 \times 17 \times 4.70^2 / 2 = 98.0$ kN/m

$y_9 = h_0 / 3 = 4.7 / 3 = 1.57$ m

$x_9 = b_3 / 3 = 1.85 / 3 = 0.62$ m

2) 地震時

主働土圧係数 k_2 を式 (14.3) および (14.4) を用いて求める.

ここに,

$$\theta_2 = \tan^{-1} k_h = \tan^{-1} 0.2 = 11.3°$$

$$c_2 = \sqrt{\frac{\sin(\phi_1 + \delta)\sin(\phi_1 - \theta_0 - \theta_2)}{\cos(\beta + \theta_2)\cos(\theta_1 - \theta_0)}} = \sqrt{\frac{\sin(30° + 30°)\sin(30° - 0° - 11.3°)}{\cos(51.5° + 11.3°)\cos(21.5° - 0°)}}$$

$$= 0.808$$

$$k_2 = \frac{\cos^2(\phi_1 - \theta_1 - \theta_2)}{\cos^2\theta_1 \cos(\beta + \theta_2)\cos\theta_2 (1 + c_2)^2}$$

$$= \frac{\cos^2(30° - 21.5° - 11.3°)}{\cos^2 21.5° \cos(51.5° + 11.3°)\cos 11.3°(1 + 0.808)^2} = 0.787$$

したがって，土圧の大きさ E_2 および作用位置は次のようになる．

$$E_2 = k_2 w_1 h_0^2 / 2 = 0.787 \times 17 \times 4.70^2 / 2 = 147.8 \text{ kN/m}$$

$$y_9 = h_0 / 3 = 4.7 / 3 = 1.57 \text{ m}$$

$$x_9 = b_3 / 3 = 1.85 / 3 = 0.62 \text{ m}$$

(2) 自重およびその作用位置

擁壁自重および仮想背面と鉛直壁との間の土の質量およびその作用位置を求める．

この場合，断面を図 14.7 に示すように三角形および矩形に分割する．

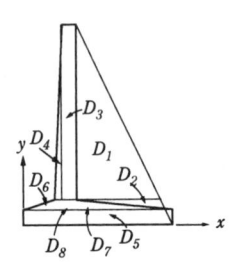

図 14.7 自重とその作用位置

1) 自重D

$$D_1 = 0.5 w_1 h_1 b_3 (h_1 / h_0) = 0.5 \times 17 \times 4.00 \times 1.85 (4.00 / 4.70) = 53.5 \text{ kN/m}$$

$$D_2 = 0.5 w_1 h_2 b_3 (h_1 / h_0) = 0.5 \times 17 \times 0.30 \times 1.85 (4.00 / 4.70) = 4.0 \text{ kN/m}$$

$$D_3 = w_0 b_4 h_1 = 24 \times 0.30 \times 4.00 = 28.8 \text{ kN/m}$$

$$D_4 = 0.5 w_0 (b_2 - b_4) h_1 = 0.5 \times 24 (0.45 - 0.30) \times 4.00 = 7.2 \text{ kN/m}$$

14.3 剛体の安定 153

$$D_5 = w_0 b_0 h_3 = 24 \times 3.00 \times 0.40 = 28.8 \text{ kN/m}$$
$$D_6 = 0.5 w_0 b_1 h_2 = 0.5 \times 24 \times 0.70 \times 0.30 = 2.52 \text{ kN/m}$$
$$D_7 = 0.5 w_0 b_3 h_2 = 0.5 \times 24 \times 1.85 \times 0.30 = 6.66 \text{ kN/m}$$
$$D_8 = w_0 b_2 h_2 = 24 \times 0.45 \times 0.30 = 3.24 \text{ kN/m}$$
$$D_0 = \sum D_i = 134.7 \text{ kN/m}$$

2) 作用位置 x

$$x_1 = (b_1 + b_2) + (1/3) b_3 (h_1 / h_0)$$
$$= (0.70 + 0.45) + (1/3) \times 1.85 \times (4.00 / 4.70) = 1.67 \text{ m}$$
$$x_2 = (b_1 + b_2) + (2/3) b_3 (h_1 / h_0)$$
$$= (0.70 + 0.45) + (2/3) \times 1.85 \times (4.00 / 4.70) = 2.20 \text{ m}$$
$$x_3 = (b_1 + b_2) - b_4 / 2 = (0.70 + 0.45) - 0.30 / 2 = 1.00 \text{ m}$$
$$x_4 = b_1 + (2/3)(b_2 - b_4) = 0.70 + (2/3)(0.45 - 0.30) = 0.80 \text{ m}$$
$$x_5 = b_0 / 2 = 3.00 / 2 = 1.50 \text{ m}$$
$$x_6 = (2/3) b_1 = (2/3) \times 0.70 = 0.47 \text{ m}$$
$$x_7 = (b_1 + b_2) + b_3 / 3 = (0.70 + 0.45) + 1.85 / 3 = 1.77 \text{ m}$$
$$x_8 = b_1 + b_2 / 2 = 0.70 + 0.45 / 2 = 0.93 \text{ m}$$
$$\therefore M_1 = \sum (D_i x_i) = 191.9 \text{ kN} \cdot \text{m/m}$$
$$x_0 = M_1 / D_0 = 191.9 / 134.7 = 1.42 \text{ m}$$

3) 作用位置 y

$$y_1 = (h_2 + h_3) + h_1 / 3 = (0.30 + 0.40) + 4.00 / 3 = 2.03 \text{ m}$$
$$y_2 = h_3 + (2/3) h_2 = 0.40 + (2/3) \times 0.30 = 0.60 \text{ m}$$
$$y_3 = (h_2 + h_3) + h_1 / 2 = (0.30 + 0.40) + 4.00 / 2 = 2.70 \text{ m}$$
$$y_4 = (h_2 + h_3) + h_1 / 3 = (0.30 + 0.40) + 4.00 / 3 = 2.03 \text{ m}$$
$$y_5 = h_3 / 2 = 0.40 / 2 = 0.20 \text{ m}$$
$$y_6 = h_3 + h_2 / 3 = 0.40 + 0.30 / 3 = 0.50 \text{ m}$$
$$y_7 = y_6 = 0.50 \text{ m}$$
$$y_8 = h_3 + h_2 / 2 = 0.40 + 0.30 / 2 = 0.55 \text{ m}$$
$$\therefore M_2 = \sum (D_i y_i) = 215.5 \text{ kN} \cdot \text{m/m}$$
$$y_0 = M_2 / D_0 = 215.5 / 134.7 = 1.60 \text{ m}$$

(3) 地震荷重

$$H_1 = k_h D_0 = 0.2 \times 134.7 = 26.9 \text{ kN/m}$$

(4) 転倒に対する安全性の検討

1) 常時における浮き上がりの検討

鉛直合力のフーチング中心からの偏心量 e_1 は

$$e_1 = b_0/2 - \{M_1 + E_1 \sin\beta(b_0 - x_9) - E_1 \cos\beta \cdot y_9\}/(D_0 + E_1 \sin\beta)$$

$$= 3.00/2 - \{191.89 + 98.0 \times \sin 51.5°(3.00 - 0.62) - 98.0 \times \cos 51.5° \times 1.57\}$$

$$/(134.72 + 98.0 \times \sin 51.5°)$$

$$= 0.182 \text{ m}$$

$$\therefore e_1 \leq b_0/6 = 3.00/6 = 0.50 \text{ m}$$

であるので，基礎の浮上りは生じない．

2) 常時における安全性の検討

転倒モーメント M_{sd} および設計抵抗モーメント M_{rd} は次のとおりである．

$$M_{sd} = E_1 \cos\beta \cdot y_9 = 98.0 \times \cos 51.5° \times 1.57 = 95.8 \text{ kN}\cdot\text{m/m}$$

$$M_{rd} = \{M_1 + E_1 \sin\beta(b_0 - x_9)\}/\gamma_0$$

$$= \{191.89 + 98.0 \times \sin 51.5°(3.00 - 0.62)\}/1.5 = 249.6 \text{ kN}\cdot\text{m/m}$$

$$\therefore \gamma_i M_{sd}/M_{rd} = 1.5 \times 95.8/249.6 = 0.58 \leq 1.0$$

であるので，常時の転倒に対して十分安全である．

3) 地震時における安全性の検討

地震時における転倒モーメント M_{sd} および設計抵抗モーメント M_{rd} は次のとおりである．

$$M_{sd} = E_2 \cos\beta \cdot y_9 + H_1 y_5 = 147.8 \times \cos 51.5° \times 1.57 + 26.9 \times 1.60$$

$$= 187.5 \text{ kN}\cdot\text{m/m}$$

$$M_{rd} = \{M_1 + E_2 \sin\beta(b_0 - x_9)\}/\gamma_0$$

$$= \{191.9 + 147.8 \times \sin 51.5°(3.00 - 0.62)\}/1.5 = 311.5 \text{ kN}\cdot\text{m/m}$$

$$\therefore \gamma_i M_{sd}/M_{rd} = 1.0 \times 187.5/311.5 = 0.60 \leq 1.0$$

であるので，地震時の転倒に対して十分に安全である．

14.3 剛体の安定 155

(5) 滑動に対する安全性の検討

1）常時における安全性の検討

作用水平力 H_{sd} および設計抵抗水平力 H_{rd} は次のとおりである．

$H_{sd} = E_1 \cos\beta = 98.0 \times \cos 51.5° = 61.0 \text{ kN}$

$H_{rd} = (D_0 + E_1 \sin\beta)\tan\phi_2 / \gamma_h = (134.72 + 98.0 \times \sin 51.5°)\tan 40° / 1.5$

$= 118.3 \text{ kN}$

$\therefore \gamma_i H_{sd} / H_{rd} = 1.5 \times 61.0 / 118.3 = 0.77 \leqq 1.0$

であるので，常時の滑動に対して安全である．

2）地震時における安全性の検討

$H_{sd} = E_2 \cos\beta + H_1 = 147.8 \times \cos 51.5° + 26.9 = 118.9 \text{ kN}$

$H_{rd} = (D_0 + E_2 \sin\beta)\tan\phi_2 / \gamma_h$

$= (134.7 + 147.8 \times \sin 51.5°)\tan 40° / 1.5 = 140.1 \text{ kN}$

$\therefore \gamma_i H_{sd} / H_{rd} = 1.0 \times 118.9 / 140.1 = 0.85 \leqq 1.0$

であるので，地震時の滑動に対して安全である．

(6) 鉛直支持力に対する安全性の検討

1）常時における安全性の検討

$V_{sd} = D_0 + E_1 \sin\beta = 134.72 + 98.0 \times \sin 51.5° = 211.4 \text{ kN/m}$

$V_{rd} = b_e \{(1 + 0.3h_4 / b_e)w_1 h_4 N_q + 0.5 w_2 b_e N_r\} / \gamma_v$

ここに，

N_q, N_r は支持力係数（道路橋示方書・同解説Ⅳ下部構造編参照）

b_e は有効載荷幅

$\phi_2 = 40°$

$H_{sd} / V_{sd} = 61.0 / 211.4 = 0.289$

したがって示方書の表により，$N_q = 31, N_r = 24$

$b_e = b_0 - 2e_1 = 3.00 - 2 \times 0.182 = 2.64 \text{ m}$

$\therefore V_{rd} = 2.64\{(1 + 0.3 \times 1.00 / 2.64) \times 17 \times 1.00 \times 31 + 0.5 \times 18 \times 2.64 \times 24\} / 1.5$

$= 2037 \text{ kN/m}$

$\therefore \gamma_i V_{sd} / V_{rd} = 1.5 \times 211.4 / 2037 = 0.16 \leqq 1.0$

2）地震時における安全性の検討

$$V_{sd} = D_0 + E_2 \sin\beta = 134.7 + 147.8 \times \sin 51.5° = 250.4 \text{ kN/m}$$

$$H_{sd}/V_{sd} = 118.9/250.4 = 0.475$$

したがって表により，$N_q = 18, N_r = 9.1$

$$e_2 = b_0/2 - \{M_1 + E_2 \sin\beta(b_0 - x_9) - E_2 \cos\beta \cdot y_9 - H_1 y_0\}/(D_0 + E_2 \sin\beta)$$
$$= 3.00/2 - \{191.89 + 147.8 \times \sin 51.5°(3.00 - 0.62) - 147.8 \times \cos 51.5° \times 1.57$$
$$- 26.9 \times 1.60\}/(134.7 + 147.8 \times \sin 51.5°) = 0.383 \text{ m}$$

$$b_e = b_0 - 2e_2 = 3.00 - 2 \times 0.383 = 2.23 \text{ m}$$

$$V_{rd} = b_e\{(1 + 0.3h_4/b_e)w_1 h_4 N_q + 0.5w_2 b_e N_r\}/\gamma_v$$
$$= 2.23\{(1 + 0.3 \times 1.00/2.23) \times 17 \times 1.00 \times 18 + 0.5 \times 18 \times 2.23 \times 9.1\}/1.5$$
$$= 788 \text{ kN/m}$$

$$\therefore \gamma_i V_{sd}/V_{rd} = 1.0 \times 250.4/788 = 0.32 \leqq 1.0$$

(7) 検討結果のまとめ

剛体安定についての安全性の検討結果をまとめると，**表 14.2** のようになる．この結果から判断すれば，フーチングの幅を多少小さくすることも可能である．

表 14.2　剛体安定についての安全性の検討

		常時	地震時
転倒	$\gamma_i M_{sd}/M_{rd}$	0.58	0.61
滑動	$\gamma_i H_{sd}/H_{rd}$	0.77	0.85
支持	$\gamma_i V_{sd}/V_{rd}$	0.16	0.32

14.4　鉛直壁の設計

鉛直壁に作用する軸方向力は無視できるほど小さく，荷重の繰返し載荷による疲労の影響も受けない．したがって，終局限界状態としての曲げ耐力およびせん断力の検討を行うと共に，使用限界状態としてのひび割れ幅の検討を行うものとする．

14.4 鉛直壁の設計　157

(1) 曲げ耐力の検討

曲げモーメントの変化よりも断面の変化の方が緩いので，曲げ耐力の検討位置を，固定端と鉄筋端（$x=2$ m）から基本定着長および有効高さだけ下がった位置とする．断面および配筋は**図 14.8** に示すようである．(基本定着長については p.101 参照)

かぶり：　$c=50$ mm　　鉄筋直径：　$\phi=16$ mm

基本定着長 ℓ_d は次のようになる．

$$\ell_d = \alpha_1 \alpha_2 \alpha_3 A_s f_{yd} / (u f_{bod})$$

ここに

$\alpha_1 = \alpha_2 = 1.0$

$k_c = c/\phi + 15 A_t /(s\phi) = 5.0/1.6 + 15 \times 1.267/(25.0 \times 1.6) = 3.6$

$\therefore \alpha_3 = 0.6$

$A_s = 198.6$ mm²

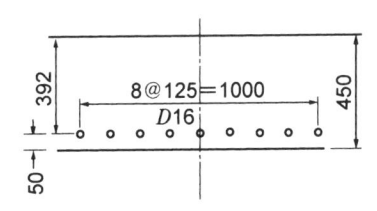

$f_{yd} = 295$ N/mm²

$u = 50$ mm

図 14.8 鉛直壁の断面

$$f_{bod} = 0.28 f_{ck}^{\frac{2}{3}} / \gamma_c = 0.28 \times (24)^{\frac{2}{3}} / 1.3 = 1.79 \text{ N/mm}^2$$

$$\ell_d = 1 \times 1 \times 0.6 \times 198.6 \times 295 / (50 \times 1.79) = 393 \text{ mm}$$

1) 土圧

土圧の分布は右の**図 14.9** のようになり土圧係数は次のようになる．

a) 常時

$\delta = \phi_1/2 = 30°/2 = 15°$

$\theta_1 = 0°$

$\therefore \beta = \delta + \theta_1 = 15°$

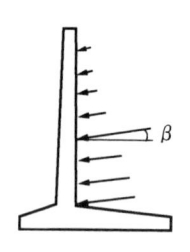

図 14.9 土圧の分布

式（14.2）より，

$$c_1 = \sqrt{\frac{\sin(\phi_1+\delta)\sin(\phi_1-\theta_0)}{\cos\beta\cos(\theta_1-\theta_0)}} = \sqrt{\frac{\sin(30°+15°)\sin(30°-0°)}{\cos 15°\cos(0-0)}} = 0.605$$

式（14.1）より，

$$k_1 = \frac{\cos^2(\phi_1-\theta_1)}{\cos^2\theta_1\cos\beta(1+c_1)^2} = \frac{\cos^2(30°-0°)}{\cos^2 0°\cos 15°(1+0.605)^2} = 0.301$$

b）地震時

$\delta = 0°, \theta_1 = 0°$

$\therefore \beta = 0°$

式（14.4）より，

$$c_2 = \sqrt{\frac{\sin(\phi_1+\delta)\sin(\phi_1-\theta_0-\theta_2)}{\cos(\beta+\theta_2)\cos(\theta_1-\theta_0)}} = \sqrt{\frac{\sin(30°+0°)\sin(30°-0°-11.3°)}{\cos(0+11.3°)\cos(0°-0°)}} = 0.404$$

式（16.3）より，

$$k_2 = \frac{\cos^2(\phi_1-\theta_1-\theta_2)}{\cos^2\theta_1\cos(\beta+\theta_2)\cos\theta_2(1+c_2)^2}$$

$$= \frac{\cos^2(30°-0°-11.3°)}{\cos^2 0°\cos(0°+11.3°)\cos 11.3°(1+0.404)^2} = 0.473$$

2）設計曲げモーメント

 a）常時

$\beta = 15°$

$M_d = \gamma_a \gamma_f \{w_1 k_1 \cos\beta(h_1-x)^3/6 + q_0 k_1 \cos\beta(h_1-x)^2/2\}$

$$= 1.0 \times 1.15 \{17 \times 0.301 \times \cos 15°(4.00-x)^3/6 + 3.5 \times 0.301 \times \cos 15°(4.00-x)^2/2\}$$
$$= 0.947(4-x)^3 + 0.585(4-x)^2$$

b) 地震時

$\beta = 0°$

$$M_d = \gamma_a \gamma_f [w_1 k_2 \cos\beta(h_1-x)^3/6 + q_0 k_2 \cos\beta(h_1-x)^2/2$$
$$+ w_0 k_h \{3b_4 + (b_2-b_4)(h_1-x)/h_1\}(h_1-x)^2/6]$$
$$= 1 \times 1.15 \times [17 \times 0.473 \times 1(4-x)^3/6 + 3.5 \times 0.473 \times 1(4-x)^2/2$$
$$+ 24 \times 0.2\{3 \times 0.3 + (0.45-0.3)(4-x)/4\}(4-x)^2/6\,]$$
$$= 1.54(4-x)^3 + 0.95(4-x)^2 + 0.92\{0.9 + 0.0375(4-x)\}(4-x)^2$$
$$= 1.57(4-x)^3 + 1.78(4-x)^2$$

$x_1 = 0.392 - 0.15(2-0.393)/4.0 = 0.33$ m

$x = 2.0 - 0.393 - (0.392 - 0.15 x_1/h)$

$\quad = 2.0 - 0.393 - (0.392 - 0.15 \times 0.33/4)$

$\quad = 1.23$ m

したがって，検討断面は $x = 0$ および $x = 1.23$ m とすればよい．

3) 設計曲げ耐力 M_{ud}

軸力は小さいので無視でき，鉄筋比は明らかに釣合鉄筋比以下にあるので，曲げ引張破壊に対する安全性を検討すればよい．

$$M_{ud} = A_s f_{yd} d(1 - 0.6 p f_{yd}/f_{cd}')/\gamma_b$$

ここに

$f_{yd} = f_{yk}/\gamma_s = 295/1.0 = 295$ N/mm² $\qquad \gamma_b = 1.15$

$x = 0$ の場合，

$A_s = 198.6 \times 9 = 1787.4$ mm² $\qquad p = 0.456$ (%)

$M_{ud} = 1787.4 \times 295 \times 392(1 - 0.6 \times 0.00456 \times 295/18.5)/1.15$

$\quad = 172$ kN・m

$x = 1.23$ m の場合 （$d = 346$ mm）

$A_s = 993$ mm² $\qquad p = 0.287$ (%)

$M_{ud} = 993 \times 295 \times 346(1 - 0.6 \times 0.00287 \times 295/18.5)/1.15 = 85.7$ kN・m

4）安全性の検討

以上の計算結果を以下の**表 14.3**に示す．安全性の検討は次式を満足することを確かめればよい．

$\gamma_i M_d / M_{ud} \leqq 1.0$

ここに，γ_i は常時 1.15，地震時 1.0 である．表によれば $\gamma_i M_d / M_{ud}$ は 1.0 以下であって，断面の曲げ耐力は十分に安全である．したがって，断面の曲げ耐力に対する安全性の点からは，次のような処置を採り得る．

a) 鉄筋の断面積を減ずる．
b) 断面の有効高さを減ずる．
c) 鉄筋の降伏強度を下げる．

また，$x = 1.23$ よりも $x = 0$ のときの方が安全率は小さいので，鉄筋切断位置を多少固定端よりに変えることも可能である．

表 14.3 曲げ耐力の検討結果

	x (m)	0	1.23
常 時	A_s (mm²)	1787.4	993.0
	d (mm)	392	346
	p (%)	0.456	0.287
	M_{ud} (kN・m)	172	85.7
	$\gamma_i M_d$	80.5	28.3
	$\gamma_i M_d / M_{ud}$	0.47	0.33
地震時	$\gamma_i M_d$	130	47.2
	$\gamma_i M_d / M_{ud}$	0.75	0.55

(2) せん断耐力の検討

せん断耐力の検討断面は，固定端の代わりに $b_2/2$ だけ離れた位置（$x = 0.225$ m）とするほかは曲げ耐力の検討位置と同じにする．

1）設計せん断力 V_d

a) 常時

部材高さが変化する場合の設計せん断力は，曲げ圧縮力および曲

げ引張力のせん断力に平行な成分 V_{hd} を減じて算定する必要がある．
V_{hd} は次式によって求められる．

$$V_{hd} = (M_d / d) \tan \alpha_c$$

M_d ：設計せん断力作用時の曲げモーメント

d ：断面の有効高さ

α_c ：圧縮縁が部材軸となす角度， $\tan \alpha_c = 15/400 = 0.0375$

$$V_d = \gamma_a \gamma_f \{w_1 k_1 \cos \beta (h_1 - x)^2 / 2 + k_1 q \cos \beta (h_1 - x)\} - V_{hd}$$
$$= 1.15\{17 \times 0.301 \times \cos 15°(4-x)^2 / 2 + 0.301 \times 3.5 \times \cos 15°(4-x)\}$$
$$- 0.0375(M_d / d)$$
$$= 2.84(4-x)^2 + 1.17(4-x) - 0.0375(M_d / d)$$

b) 地震時

$$V_d = \gamma_a \gamma_f [w_1 k_2 \cos \beta (h_1 - x)^2 / 2 + k_2 q \cos \beta (h_1 - x)$$
$$+ w_0 k_h \{2b_4 + (b_2 - b_4)(h_1 - x)/h_1\}(h_1 - x)/2] - V_{hd}$$
$$= 1.15[17 \times 0.473 \times \cos 0°(4-x)^2 / 2 + 0.473 \times 3.5 \times \cos 0°(4-x)$$
$$+ 24 \times 0.2\{2 \times 0.3 + (0.45 - 0.30)(4-x)/4\}(4-x)/2] - 0.0375(M_d / d)$$
$$= 4.70(4-x)^2 + 1.90(4-x)$$
$$+ 2.4\{0.6 + 0.0375(4-x)\}(4-x) - 0.0375(M_d / d)$$
$$= 4.73(4-x)^2 + 3.56(4-x) - 0.0375(M_d / d)$$

2）設計せん断耐力 V_{cd}

せん断補強鉄筋を配置しないものとして計算する．

$$V_{cd} = f_{vvcd} b_w d / \gamma_b = f_{vvcd} \times 1000 \times d / 1.3$$

ここに，

$$\beta_d = \sqrt[4]{1000/d} \qquad \beta_p = \sqrt[3]{100p}$$

$$f_{vcd} = 0.20 \sqrt[3]{f'_{cd}} = 0.20 \times \sqrt[3]{18.5} = 0.529$$

$$f_{vvcd} = \beta_d \beta_p f_{vcd} = 0.529 \beta_d \beta_p$$

3）安全性の検討

以上の計算結果を以下の表に示す．安全性の検討は

$$\gamma_i V_d / V_{cd} \leqq 1.0$$

であることを確認することによって行ってよい．ここにγ_iは常時に対して 1.15, 地震時に対して 1.0 である．

表 14.4 によれば，$\gamma_i V_d / V_{cd}$は，0.75 以下であって，十分に安全である．したがって，断面厚を小さくすることは可能である．また，鉄筋切断点から計算上不要となる断面までの間（$1.23 \leqq x \leqq 2.0$）では，設計せん断耐力V_{cd}が設計せん断力V_dの 1.5 倍以上あるので，このように引張鉄筋を引張力を受けるコンクリートに定着してもよいのである．なお，斜め圧縮破壊に対する安全性は明らかに十分であるので，その検討は省略する．

表 14.4 せん断耐力の検討結果

	x (m)		0.225	1.23	2.0
	d (mm)		384	346	317
	β_d		1.270	1.304	1.333
	β_p		0.775	0.660	0.679
	f_{vvcd} (N/mm²)		0.521	0.455	0.479
	V_{cd} (kN/m)		154	121	117
常時		M_d	59.3	24.6	9.9
		$\gamma_i V_d$	51.6	28.8	15.8
		$\gamma_i V_d / V_{cd}$	0.34	0.24	0.14
地震時		M_d	110	47.2	19.8
		$\gamma_i V_d$	80.8	46.1	26.0
		$\gamma_i V_d / V_{cd}$	0.52	0.38	0.22

(3) ひび割れの検討

1) 設計曲げモーメント M_d

ひび割れに対する安全性の検討は，すべての安全係数を 1 として行うので設計曲げモーメントは，14.4（1）2）より，

$$M_d = w_1 k_1 \cos\beta (h_1 - x)^3 / 6 + q k_1 \cos\beta (h_1 - x)^2 / 2$$

ここに，$w_1 = 17 \text{kN/m}^3$, $q = 3.5 \text{kN/m}^2$

$k_1 = 0.301, \beta = 15°, h_1 = 4.0 \text{ m}$ より

$$M_d = 0.823(4-x)^3 + 0.509(4-x)^2$$

ただし，x は固定端からの距離である．

2) 鉄筋応力度 σ_s

鉄筋応力度は，式（13.2）より，

$$\sigma_s = M_d / (A_s j d)$$

ここに，$j = 1 - k/3$

$$k = np\left\{-1 + \sqrt{1 + 2/(np)}\right\}$$

$n = 8.0$

3) ひび割れ幅 w

ひび割れ幅の算定式は，式（9.7）より，

$$w = \left\{(\sigma_s / E_s) + \varepsilon'_{csd}\right\} \ell$$

ここに，$E_s = 200 \text{ kN/mm}^2$

鉛直壁の引張側は常に土と接しているので，$\varepsilon'_{csd} = 0$ とする．

また，式（9.8）より，

$$\ell = 4c + 0.7(c_s - \phi)$$

$c = 50 \text{ mm}$

$c_s = 125 \text{ mm}$　または　250mm

$\phi = 16 \text{ mm}$

4) 許容ひび割れ幅

一般の環境条件であるので，許容ひび割れ幅は**表 9.2** より，

$$w_a = 0.005c = 0.005 \times 50 = 0.25 \text{ mm}$$

ここに，c はかぶりである．

5) 安全性の検討

以上の計算結果を以下の表 14.5 に示す.

w/w_a は，0.52 以下であって，耐久性から定まるひび割れ幅の規定 1.0 以下を十分満足している.

表 14.5 ひび割れ幅の検討結果

x (m)	0	1.0	1.23	2.0	3.0
M_d (kN·m)	60.9	26.8	21.4	8.6	1.3
np	0.0365	0.0403	0.0230	0.0251	0.0284
k	0.236	0.246	0.193	0.200	0.212
j	0.921	0.918	0.936	0.933	0.929
A_s (mm^2)	1787.4	1787.4	993	993	993
d (mm)	392	355	346	317	280
σ_s (N/mm^2)	94	46	67	29	5
ℓ (mm)	276	276	364	364	364
w (mm)	0.13	0.06	0.12	0.05	0.01
w/w_a	0.52	0.24	0.48	0.20	0.04

(4) 検討結果のまとめ

鉛直壁についての検討結果をまとめると表 14.6 のようになる.

表 14.6 鉛直壁についての検討結果

	最大モーメントまたはせん断力を生じる位置	計算上鉄筋量が 1/2 となる位置
曲げ耐力　$\gamma_i M_d / M_{ud}$	0.76	0.55
せん断耐力 $\gamma_i V_d / V_{cd}$	0.52	0.38
ひび割れ　w/w_a	0.52	0.48

ここで，曲げ耐力とせん断耐力はいずれも地震時の方が常時よりもきびしいので，その値を示した.

14.5 フーチングの設計

(1) 曲げ耐力の検討

1) 検討断面

曲げモーメントの変化よりも断面の変化の方が緩いので，曲げ耐力の検討位置を固定端とする．断面配筋は図 **14.10** に示す．

2) 土圧，裏込土重量，自重および地盤反力

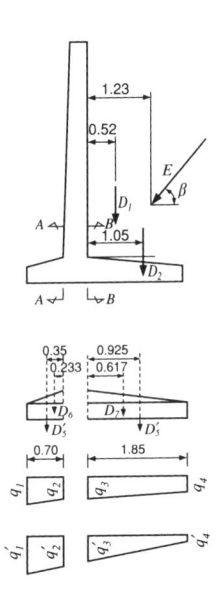

図 **14.10** 断面配筋

a) 常時

　土圧：**14.3(1)** より $E_1 = 98.0$ kN/m

　裏込土重量：14.3（2）より $D_1 = 53.5$ kN/m

　　$D_2 = 4.0$ kN/m

　フーチング自重：$D_6 = 2.52$ kN/m

　　$D_7 = 6.66$ kN/m

　　$D_5' = w_0 h_3 b_3 = 24 \times 0.40 \times 1.85 = 17.8$ kN/m

　　$D_5'' = w_0 h_3 b_1 = 24 \times 0.40 \times 0.70 = 6.72$ kN/m

地盤反力：14.3（4）より $e_1 = 0.182$ m

$$q_1, q_4 = \frac{1}{b_0} \times (D_0 + E_1 \sin\beta)(1 \pm \frac{6 \times e_1}{b_0})$$

$$= \frac{1}{3.0} \times (134.72 + 98.0 \times \sin 51.5°)(1 \pm \frac{6 \times 0.182}{3.0})$$

$$= \begin{cases} 96.1 \\ 44.8 \end{cases} \text{kN/m}^2$$

$q_2 = 84.1$ kN/m²

$q_3 = 76.4$ kN/m²

b) 地震時

土圧：$E_2 = 147.8$ kN/m

裏込土重量，フーチング自重：常時と同じ

地盤反力：14.3（6）より $e_2 = 0.383$ m

$$q_1', q_4' = \frac{1}{b_0} \times (D_0 + E_2 \sin\beta)(1 \pm \frac{6 \times e_2}{b_0})$$

$$= \frac{1}{3.0} \times (134.7 + 147.8 \times \sin 51.5°)(1 \pm \frac{6 \times 0.383}{3.0})$$

$$= \begin{cases} 147.4 \\ 19.5 \end{cases} \text{kN/m}^2$$

$$q_2' = (q_1' - q_4')\frac{b_2 + b_3}{b_0} + q_4' = 117.6 \text{ kN/m}^2$$

$$q_3' = (q_1' - q_4')\frac{b_3}{b_0} + q_4' = 98.4 \text{ kN/m}^2$$

3) 設計曲げモーメント

a) 常時

断面 A－A

$$M_d = \gamma_a \gamma_f (\frac{1}{3} \times q_1 \times 0.7^2 + \frac{1}{6} \times q_2 \times 0.7^2 - D_6 \times 0.233 - D_5'' \times 0.35)$$

$$= 1.0 \times 1.15(\frac{1}{3} \times 96.1 \times 0.7^2 + \frac{1}{6} \times 84.1 \times 0.7^2 - 2.52 \times 0.233 - 6.72 \times 0.35)$$

$$= 22.6 \text{ kN·m/m}$$

断面 B－B

$$M_d = \gamma_a\gamma_f(E_1\sin\beta \times 1.23 + D_1 \times 0.52 + D_2 \times 1.05 + D_7 \times 0.617$$
$$+ D_5' \times 0.925 - \frac{1}{6} \times q_3 \times 1.85^2 - \frac{1}{3} \times q_4 \times 1.85^2)$$
$$= 1.0 \times 1.15(98.0 \times \sin 51.5° \times 1.23 + 53.5 \times 0.52 + 4.0 \times 1.05$$
$$+ 6.66 \times 0.617 + 17.8 \times 0.925 - \frac{1}{6} \times 76.4 \times 1.85^2 - \frac{1}{3} \times 44.8 \times 1.85^2)$$
$$= 60.1 \text{ kN·m/m}$$

b) 地震時

断面 A－A

$$M_d = \gamma_a\gamma_f(\frac{1}{3} \times q_1' \times b_1^2 + \frac{1}{6} \times q_2' \times b_1^2 - D_6 \times \frac{b_1}{3} - D_5'' \times \frac{b_1}{2})$$
$$= 1.0 \times 1.15(\frac{1}{3} \times 147.4 \times 0.7^2 + \frac{1}{6} \times 117.6 \times 0.7^2 - 2.52 \times 0.233 - 6.72 \times 0.35)$$
$$= 35.4 \text{ kN·m/m}$$

断面 B－B

$$M_d = \gamma_a\gamma_f(E_2\sin\beta \times \frac{2}{3}b_3 + D_1 \times \frac{1}{3}\frac{h_1}{h_0}b_3 + D_2 \times \frac{2}{3}\frac{h_1}{h_0}b_3 + D_7 \times \frac{1}{3}b_3$$
$$+ D_5' \times \frac{1}{2}b_3 - \frac{1}{6} \times q_3' \times b_3^2 - \frac{1}{3} \times q_4' \times b_3^2)$$
$$= 1.0 \times 1.15(147.8 \times \sin 51.5° \times 1.23 + 53.5 \times 0.52 + 4.0 \times 1.05$$
$$+ 6.66 \times 0.617 + 17.8 \times 0.925 - \frac{1}{6} \times 98.4 \times 1.85^2 - \frac{1}{3} \times 19.5 \times 1.85^2)$$
$$= 134.0 \text{ kN·m/m}$$

4）設計曲げ耐力 M_{ud}

　　鉄筋比は，釣合鉄筋比以下であることは明らかであるので，曲げ引張破壊に対する安全性を検討する．

$$M_{ud} = A_s f_{yd} d(1 - 0.6 p f_{yd} / f_{cd}) / \gamma_b$$

ここに，$f_{yd} = 295 \, \text{N/mm}^2$

$f_{cd} = 18.5 \, \text{N/mm}^2$

$\gamma_b = 1.15$

5) 安全性の検討

以上の計算結果を**表 14.7**に示す．安全性の検討は次式を満足することを確かめればよい．

$$\gamma_i M_d / M_{ud} \leqq 1.0$$

ここに，γ_i は常時 1.15，地震時 1.0 である．

表 14.7によれば，$\gamma_i M_d / M_{ud}$ は，1.0 以下であって，断面の曲げ耐力に対して安全である．

表 14.7 曲げ耐力の検討結果

			断面 A－A	断面 B－B
$A_s \, (\text{mm}^2)$			634	1140
$d \, (\text{mm})$			644	644
$p \, (\%)$			0.098	0.177
$M_{ud} \, (\text{kN} \cdot \text{m})$			104	185
常 時	$\gamma_i M_d$		26.0	69.1
	$\gamma_i M_d / M_{ud}$		0.25	0.37
地震時	$\gamma_i M_d$		35.4	134
	$\gamma_i M_d / M_{ud}$		0.34	0.72

(2) せん断耐力の検討

1) 検討断面

せん断耐力の検討断面をつま先板（前趾）については，固定端から $b_1/2 \, (=0.35\text{m})$ だけ離れた位置（断面 A'－A'）とし，かかと板（後趾）については固定端とする．

14.5 フーチングの設計　169

2）土圧，裏込土重量，自重および地盤反力

　かかと板は 14.5(1)2）と同じである．つま先板は，検討断面より 0.35m 離れた断面であるので次のようになる．（**図 14.11**）

$$\dot{D_6''} = \frac{1}{2} \times 24 \times \frac{0.3}{0.7} \times 0.35 \times 0.35 = 0.63 \ \text{kN/m}$$

$$\dot{D_5''} = 24 \times 0.4 \times 0.35 = 3.36 \ \text{kN/m}$$

$$\dot{q_2} = q_2 + \frac{q_1 - q_2}{0.7} \times 0.35 = 84.1 + \frac{96.1 - 84.1}{0.7} \times 0.35 = 90.1 \ \text{kN/m}^2$$

$$\dot{q_2'} = q_2' + \frac{q_1' - q_2'}{h_2 + h_3} \times \frac{h_2 + h_3}{2} = 117.6 + \frac{147.4 - 117.6}{0.7} \times 0.35 = 132.5 \ \text{kN/m}^2$$

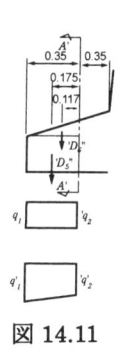

図 14.11

3）設計せん断力

　a）常時

　　断面 A'−A'

$$V_d = \gamma_a \gamma_f (\frac{1}{2} \times q_1 \times 0.35 + \frac{1}{2} \dot{q_2} \times 0.35 - \dot{D_6''} - \dot{D_5''}) - \tan \alpha_c \frac{M_d}{d}$$

$$= 1.0 \times 1.15 (\frac{1}{2} \times 96.1 \times 0.35 + \frac{1}{2} \times 90.1 \times 0.35 - 0.63 - 3.36)$$

$$- (\frac{0.3}{0.7}) \times (\frac{1}{3} \times 96.1 \times 0.35^2 + \frac{1}{6} \times 90.1 \times 0.35^2$$

$$- 0.63 \times 0.117 - 3.36 \times 0.175)/0.494$$

$$= 32.88 - 4.43 = 28.5 \ \text{kN/m}$$

断面 B－B

$$V_d = \gamma_a \gamma_f \{(E_1 \sin\beta + D_1 + D_2 + D_7 + D_5' - \frac{1}{2} \times (q_3 + q_4) \times b_3\} - \tan\alpha_t \frac{M_d}{d}$$

$$= 1.0 \times 1.15 \{(98.0 \times \sin 51.5° + 53.5 + 4.0 + 6.66 + 17.8$$

$$-\frac{1}{2} \times (76.4 + 44.8) \times 1.85\} - \frac{0.3}{1.85} \times \frac{60.1}{0.644} = 53.53 - 15.13$$

$$= 38.4 \quad \text{kN/m}$$

b) 地震時

断面 A'－A'

$$V_d = \gamma_a \gamma_f (\frac{1}{2} \times q_1' \times 0.35 + \frac{1}{2} q_2' \times 0.35 - D_6'' - D_5'') - \tan\alpha_c \frac{M_d}{d}$$

$$= 1.0 \times 1.15 (\frac{1}{2} \times 147.4 \times 0.35 + \frac{1}{2} \times 132.5 \times 0.35 - 0.63 - 3.36)$$

$$-(\frac{0.3}{0.7}) \times (\frac{1}{3} \times 147.4 \times 0.35^2 + \frac{1}{6} \times 132.5 \times 0.35^2$$

$$-0.63 \times 0.117 - 3.36 \times 0.175)/0.494$$

$$= 51.74 - 6.99 = 44.7 \quad \text{kN/m}$$

断面 B－B

$$V_d = \gamma_a \gamma_f \{(E_2 \sin\beta + D_1 + D_2 + D_7 + D_5' - \frac{1}{2} \times (q_3' + q_4') \times b_3\} - \tan\alpha_t \frac{M_d}{d}$$

$$= 1.0 \times 1.15 \{(147.8 \times \sin 51.5° + 53.5 + 4.0 + 6.66 + 17.8$$

$$-\frac{1}{2} \times (98.4 + 19.5) \times 1.85\} - \frac{0.3}{1.85} \times \frac{134.0}{0.644} = 101.86 - 33.74$$

$$= 68.1 \quad \text{kN/m}$$

4）設計せん断耐力 V_{yd}

せん断補強鉄筋を配置しないものとする．

$$V_{cd} = f_{vvcd} b_w d / \gamma_b = f_{vvcd} \times 1000 \times d / 1.3$$

$$\beta_d = \sqrt[4]{1000/d}$$

$$\beta_p = \sqrt[3]{100p}$$

$$f_{vcd} = 0.20\sqrt[3]{f'_{cd}} = 0.20\sqrt[3]{18.5} = 0.529$$

$$f_{vvcd} = \beta_d \beta_p f_{vcd} = 0.529 \beta_d \beta_p$$

5）安全性の検討

以上の計算結果を表 14.8 に示す．安全性の検討は $\gamma_i V_d / V_{cd} \leqq 1.0$ であると確認することによって行なってよい．ここに，γ_i は常時に対して 1.15，地震時に対して 1.0 である．表 14.8 によれば，$\gamma_i V_d / V_{cd}$ は 1.0 以下であって，十分に安全である．

表 14.8 せん断耐力の検討結果

		断面 A'－A'	断面 B－B
d (mm)		494	644
β_d		1.193	1.116
β_p		0.504	0.561
f_{vvcd} (N/mm²)		0.318	0.331
V_{cd} (kN/m)		121	164
常時	$\gamma_i V_d$	32.8	44.2
	$\gamma_i V_d / V_{cd}$	0.27	0.27
地震時	$\gamma_i V_d$	44.7	68.1
	$\gamma_i V_d / V_{cd}$	0.37	0.42

(3) ひび割れの検討

14.4(3)の鉛直壁と同じように検討する.

計算結果を表 14.9 に示す.

表 14.9 ひび割れの検討結果

	断面 A−A	断面 B−B
M_d (kN・m)	22.6	60.1
np	0.0078	0.0142
k	0.117	0.155
j	0.961	0.948
A_s (mm²)	634	1140
d (mm)	644	644
σ_s (N/mm²)	58	86
ℓ (mm)	374	286
w (mm)	0.11	0.12
w_a	0.25	0.25
w/w_a	0.44	0.48

(4) 検討結果のまとめ

フーチングの検討結果をまとめると,表 14.10 のようになる.

表 14.10 フーチングについての検討結果

	つま先板 (A−A, A'−A')	かかと板 (B−B)
曲げ耐力 $\gamma_i M_d / M_{ud}$	0.34	0.72
せん断耐力 $\gamma_i V_d / V_{cd}$	0.37	0.42
ひび割れ w/w_a	0.44	0.48

ここで，曲げ耐力およびせん断耐力は，いずれも地震時の方が常時よりも厳しいのでその値を示した．

考察
　剛体安定についての結果，鉛直壁についての結果およびフーチングについての結果により，総合的に検討して余裕ある設計となったので，使用材料および断面ならびに配筋を修正すれば，さらに良い設計となるがここでは省略する．

付　録

付表1　普通丸鋼の断面積 (mm^2)

径 (mm)	単位質量 (kg/m)	1本	2本	3本	4本	5本	6本	7本	8本	9本	10本
6	0.222	28.3	56.5	84.8	113	141	170	198	226	254	283
9	0.499	63.6	127	191	254	318	382	445	509	573	636
12	0.888	113	226	339	452	566	679	792	905	1018	1131
13	1.04	133	265	398	531	664	796	929	1062	1194	1327
16	1.58	201	402	603	804	1005	1206	1407	1608	1809	2010
19	2.23	284	567	851	1134	1418	1701	1985	2268	2552	2835
22	2.98	380	760	1140	1520	1901	2281	2661	3041	3421	3801
25	3.85	491	982	1473	1964	2455	2945	3436	3927	4418	4909
28	4.83	616	1232	1847	2463	3079	3695	4311	4926	5542	6158
32	6.31	804	1608	2413	3217	4021	4825	5629	6434	7238	8042

付表2　普通丸鋼の周長 (mm)

径 (mm)	1本	2本	3本	4本	5本	6本	7本	8本	9本	10本
6	18.85	37.7	56.6	75.4	94.3.0	113.1	132.0	150.8	169.7	188.5
9	28.27	56.5	84.8	113.1	141.4	169.6	197.9	226.2	254.4	282.7
12	37.70	75.4	113.1	150.8	188.5	226.2	263.9	301.6	339.3	377.0
13	40.84	81.7	122.5	163.4	204.2	245.0	285.9	326.7	367.6	408.4
16	50.27	100.5	150.8	201.1	251.4	301.6	351.9	402.2	452.4	502.7
19	59.69	119.4	179.1	238.8	298.5	358.1	417.8	477.5	537.2	596.9
22	69.11	138.2	207.3	276.4	345.6	414.7	483.8	552.9	622.0	691.1
25	78.54	157.1	235.6	314.2	392.7	471.2	549.8	628.3	706.9	785.4
28	87.96	175.9	263.9	351.8	439.8	527.8	615.7	703.7	791.6	879.6
32	100.53	201.1	301.6	402.1	502.7	603.2	703.7	804.2	904.8	1005.0

175

付表3 異形棒鋼の断面積 (mm²)

呼び名	単位質量 (kg/m)	公称直径 (mm)	1本	2本	3本	4本	5本	6本	7本	8本	9本	10本
D6	0.249	6.35	31.67	63.34	95.01	126.7	158.4	190.0	221.7	253.4	285.0	316.7
D10	0.560	9.53	71.33	142.7	214.0	285.3	356.7	428.0	499.3	570.6	642.0	713.3
D13	0.995	12.7	126.7	253.4	380.1	506.8	633.5	760.2	886.9	1014	1140	1267
D16	1.56	15.9	198.6	397.2	595.8	794.4	993.0	1192	1390	1589	1787	1986
D19	2.25	19.1	286.5	573.0	859.5	1146	1433	1719	2006	2292	2579	2865
D22	3.04	22.2	387.1	774.2	1161	1548	1936	2323	2710	3097	3484	3871
D25	3.98	25.4	506.7	1013	1520	2027	2534	3040	3547	4054	4560	5067
D29	5.04	28.6	642.4	1285	1927	2570	3212	3854	4497	5139	5782	6424
D32	6.23	31.8	794.2	1588	2383	3177	3971	4765	5559	6354	7148	7942
D35	7.51	34.9	956.6	1913	2870	3826	4783	5740	6696	7653	8609	9566
D38	8.95	38.1	1140	2280	3420	4560	5700	6840	7980	9120	10260	11400
D41	10.5	41.3	1340	2680	4020	5360	6700	8040	9380	10720	12060	13400
D51	15.9	50.8	2027	4054	6081	8108	10135	12162	14189	16216	18243	20270

付表4 異形棒鋼の周長 (mm)

呼び名	1本	2本	3本	4本	5本	6本	7本	8本	9本	10本
D6	20	40	60	80	100	120	140	160	180	200
D10	30	60	90	120	150	180	210	240	270	300
D13	40	80	120	160	200	240	280	320	360	400
D16	50	100	150	200	250	300	350	400	450	500
D19	60	120	180	240	300	360	420	480	540	600
D22	70	140	210	280	350	420	490	560	630	700
D25	80	160	240	320	400	480	560	640	720	800
D29	90	180	270	360	450	540	630	720	810	900
D32	100	200	300	400	500	600	700	800	900	1000
D35	110	220	330	440	550	660	770	880	990	1100
D38	120	240	360	480	600	720	840	960	1080	1200
D41	130	260	390	520	650	780	910	1040	1170	1300
D51	160	320	480	640	800	960	1120	1280	1440	1600

引用・参考文献

1) 土木学会：コンクリート標準示方書（2002年制定）構造性能調査編，2002
2) 岡村甫：鉄筋コンクリート工学（三訂版），市ケ谷出版，2004
3) 戸川一夫，伊藤秀敏，岡本寛昭，豊福俊英：コンクリート構造工学，森北出版，2003
4) 大和竹史：鉄筋コンクリート構造，共立出版，1994
5) 近藤泰夫，岸本進，角田忍：鉄筋コンクリート工学，コロナ社，1997
6) 小林和夫：コンクリート構造学（第3版），森北出版，2002
7) 角田忍，竹村和夫：コンクリート構造，コロナ社，2001
8) 町田篤彦，丸山武彦，関博，檜貝勇：鉄筋コンクリート工学，オーム社，1997
9) 猪股俊司：プレストレストコンクリートの設計・施工，技報堂出版，1980
10) 太田実，鳥居和之，宮里心一：鉄筋コンクリート工学，森北出版，2004
11) 吉川弘道：鉄筋コンクリートの設計，丸善，1997
12) 村田二郎，國府勝郎，越川茂雄：入門鉄筋コンクリート工学，技報堂出版，1992

索　引

＜ア行＞

	ページ	
あき	94	
圧縮強度	28	
圧縮降伏強度	19	
圧縮側鉄筋	24	
圧縮側鉄筋比	31	
圧縮破壊	51	
安全係数	9	147
安全性の検討	10	
安全率	123	
異形棒鋼	18	
ウェブ	130	
延性破壊	30	
鉛直震度	145	
応力－ひずみ曲線	14	19
帯鉄筋	39	96
帯鉄筋柱	39	
折曲鉄筋	57	84

＜カ行＞

	ページ	
重ね継手	102	
滑動	155	
かぶり	65	92
かぶりの最小値	92	
換算断面積	116	
換算断面二次モーメント	117	
乾燥収縮	112	
規格値	10	
基本定着長	100	
強度	13	
曲率	34	
曲率半径	22	
許容応力度	123	
許容応力度設計法	123	
許容引張応力度	124	
許容ひび割れ幅	64	163
許容曲げ圧縮応力度	123	
緊張材	106	
緊張材の角変化	110	

	ページ	
緊張材引張応力度の減少量	109	112
グラウト	107	
繰返し回数	74	
繰返し荷重	74	
繰返し応力	74	
クリープ	112	
クリープ係数	17	
クリープ特性	17	
クリープひずみ	17	
限界状態設計法	6	
鋼材	18	
公称断面積	19	
構造細目	92	
構造物係数	10	
高張力鋼材	106	
降伏強度	19	
降伏点	19	
骨材同士のかみ合わせ	60	
コンクリート	13	

＜サ行＞

	ページ	
作用下限応力	76	
作用上限応力	76	
材料強度の特性値	9	12
材料係数	10	
材料修正係数	8	
座屈	48	
初期プレストレス	108	
軸方向圧縮耐力	48	
軸方向鉄筋	96	
地震荷重	154	
シース	107	
終局限界状態	7	
終局ひずみ	28	
収縮ひずみ	17	
修正係数	8	
修正トラス理論	60	
主鉄筋	150	
主働土圧係数	145	

178 索引

項目	ページ	
使用限界状態	7	
上載荷重	145	
水平震度	145	
スターラップ	57	96
ストレスブロック	31	
静的強度	76	
静的破壊強度	74	
脆性破壊	29	
設計の原則	7	
設計の目的	6	
設計荷重	10	
設計基準強度	14	
設計せん断耐力	161	
設計耐用期間	6	
設計断面耐力	10	
設計断面力	10	75
設計疲労強度	76	
設計疲労耐力	75	83
設計付着強度	101	
設計曲げ耐力	159	
セット	110	
背の高いはり	56	
セット量	111	
せん断圧縮破壊	57	
せん断スパン	56	
せん断スパン比	56	
せん断破壊	57	
せん断ひび割れ	57	
せん断疲労	81	
せん断疲労耐力	83	
せん断補強鉄筋	81	
相互作用図	50	

＜タ行＞

項目	ページ	
耐力	9	
ダウエル効果	61	
ダクト	111	
弾性ひずみ	17	
弾性変形	109	
短柱	39	48
単鉄筋長方形断面	124	

項目	ページ			
単鉄筋T形断面	129			
断面の算定	125	128	132	
断面耐力	9	42		
断面力	9			
断面一次モーメント	23	25		
断面二次モーメント	21			
中立軸	21	23	123	
長柱	39			
釣合鉄筋比	31	125		
釣合断面	125			
釣合破壊	30			
抵抗モーメント	125	127	131	135
定着具	108			
鉄筋のあき	94			
鉄筋のかぶり	92			
鉄筋の継手	102			
鉄筋の定着	98			
鉄筋の定着長	99			
鉄筋の曲げ形状	95			
鉄筋コンクリート柱	39			
鉄筋コンクリート倒立T型擁壁	144			
鉄筋比	33			
転倒	154			
土圧	151			
等価繰返し回数	88			
特性値	8			
トラス理論	58			

＜ナ行＞

項目	ページ
内部摩擦角	144
斜引張破壊	57
斜めひび割れ	58
熱特性	16
熱膨張係数	16

＜ハ行＞

項目	ページ
パーシャルプレストレッシング	106
柱	39
柱の有効長さ	40

項目	ページ	
引張強度	28	
引張側鉄筋比	31	
ひび割れ	64	
ひび割れに対する検討	65	
ひび割れ間隔	66	
ひび割れ幅	64	163
標準フック	95	
標準偏差	13	
疲労	74	
疲労強度	75	
疲労限界	74	
疲労限界状態	7	74
疲労寿命	76	
疲労破壊	74	
疲労損傷度	75	
複鉄筋長方形断面	126	
複鉄筋T形断面	134	
腹部	130	
部材係数	9	
ふし	18	
腐食性環境	65	
とくに厳しい腐食性環境	65	
フーチング	165	
フック	95	
フランジ	130	
フルプレストレッシング	106	
プレストレス	104	
プレストレストコンクリート	104	
プレストレストコンクリートの原理	104	
プレストレス力の減少量	108	
プレテンション方式	105	
平面保持の仮定	21	
偏心距離	49	
変動荷重	69	
変動係数	13	
ポアソン比	16	19
ポストテンション方式	105	
細長比	40	
細長いはり	56	

項目	ページ		
<マ行>			
マイナー則	75		
曲げ圧縮疲労破壊	80		
曲げ内半径	96		
曲げ破壊	29		
曲げひび割れ	57	64	
曲げひび割れの検討	66		
曲げ疲労	78		
曲げ疲労破壊	78		
丸鋼	18		
面部材の設計押抜きせん断疲労耐力	82		
<ヤ行>			
ヤング係数	15	19	22
ヤング係数比	23		
有効係数	113		
有効高さ	40		
有効プレストレス	112		
擁壁	144		
<ラ行>			
らせん鉄筋	39		
らせん鉄筋の換算断面積	44		
らせん鉄筋の間隔	41		
らせん鉄筋柱	39		
リブ	18		
リラクセーション	112		
リラクセーション率	113		
<英名>			
PC	104		
PC鋼材	106		
PC鋼線	107		
PC鋼棒	107		
PC鋼より線	107		
PC定着方法	108		
RC断面	23		
S-N線図	74		

―― 著者略歴 ――

中嶋　清実（なかしま　きよみ）
1971年　名城大学理工学部土木工学科卒業
1971年　豊田工業高等専門学校助手
1975年　豊田工業高等専門学校講師
1979年　豊田工業高等専門学校助教授
1987年　工学博士（東京大学）
1989年　カリフォルニア大学バークレー校客員研究員
1994年　豊田工業高等専門学校教授
2011年　豊田工業高等専門学校名誉教授

河野　伊知郎（こうの　いちろう）
1993年　名古屋工業大学大学院工学研究科博士前期課程修了
　　　　（社会開発工学専攻）
1993年　豊田工業高等専門学校助手
2002年　博士（工学）（名古屋工業大学）
2004年　豊田工業高等専門学校助教授
2005年　カリフォルニア大学バークレー校客員研究員
2007年　豊田工業高等専門学校准教授
2018年　豊田工業高等専門学校教授
　　　　現在に至る

水越　睦視（みずこし　むつみ）
1989年　鳥取大学大学院工学研究科修士課程修了（土木工学専攻）
1989年　大阪セメント株式会社入社
2002年　大阪大学大学院工学研究科博士後期課程修了（土木工学専攻）
　　　　博士（工学）
2007年　高松工業高等専門学校准教授
2009年　香川高等専門学校准教授
2010年　香川高等専門学校教授
2016年　神戸市立工業高等専門学校教授
　　　　現在に至る

石川　靖晃（いしかわ　やすあき）
1993年　名古屋大学大学院工学研究科博士課程前期課程修了
　　　　（土木工学専攻）
1993年　名城大学助手
1997年　名城大学専任講師
1999年　博士（工学）（名古屋大学）
2001年　名城大学助教授
2007年　名城大学准教授
2010年　名城大学教授
　　　　現在に至る

菅原　隆（すがわら　たかし）
1974年　東北学院大学工学部土木工学科卒業
1974年　八戸工業高等専門学校助手
1981年　八戸工業高等専門学校講師
1988年　八戸工業高等専門学校助教授
1998年　八戸工業高等専門学校教授
2001年　博士（工学）（北海道大学）
2015年　八戸工業高等専門学校名誉教授

コンクリート構造学
Reinforced Concrete　　　　　　　　Ⓒ Nakashima, Ishikawa, Kono, Sugawara, Mizukoshi 2011

2011年 4 月15日　初版第 1 刷発行　　　　　　　　　　　　　　　　　★
2022年10月10日　初版第 3 刷発行

検印省略	著　者	中　嶋　　　清　実
		石　川　　　靖　晃
		河　野　　　伊知郎
		菅　原　　　　　隆
		水　越　　　睦　視
	発行者	株式会社　　コロナ社
		代表者　　牛来真也
	印刷所	新日本印刷株式会社
	製本所	有限会社　愛千製本所

112-0011　東京都文京区千石 4-46-10
発行所　株式会社　コロナ社
CORONA PUBLISHING CO., LTD.
Tokyo Japan
振替00140-8-14844・電話(03)3941-3131(代)
ホームページ　https://www.coronasha.co.jp

ISBN 978-4-339-05231-2　C3051　Printed in Japan　　　　　　　　　　（中原）

〈出版者著作権管理機構 委託出版物〉
本書の無断複製は著作権法上での例外を除き禁じられています。複製される場合は，そのつど事前に，出版者著作権管理機構（電話 03-5244-5088，FAX 03-5244-5089，e-mail: info@jcopy.or.jp）の許諾を得てください。

本書のコピー，スキャン，デジタル化等の無断複製・転載は著作権法上での例外を除き禁じられています。
購入者以外の第三者による本書の電子データ化及び電子書籍化は，いかなる場合も認めていません。
落丁・乱丁はお取替えいたします。

土木・環境系コアテキストシリーズ

■編集委員長　日下部　治
■編集委員　小林 潔司・道奥 康治・山本 和夫・依田 照彦

（各巻A5判，欠番は品切です）

	配本順			頁	本体
\multicolumn{6}{c}{**共通・基礎科目分野**}
A-1	(第9回)	土木・環境系の力学	斉木　功著	208	2600円
A-2	(第10回)	土木・環境系の数学 ―数学の基礎から計算・情報への応用―	堀・市村共著	188	2400円
A-3	(第13回)	土木・環境系の国際人英語	井合・Steedman共著	206	2600円
\multicolumn{6}{c}{**土木材料・構造工学分野**}
B-1	(第3回)	構造力学	野村卓史著	240	3000円
B-2	(第19回)	土木材料学	中村・奥松共著	192	2400円
B-3	(第7回)	コンクリート構造学	宇治公隆著	240	3000円
B-4	(第21回)	鋼構造学（改訂版）	舘石和雄著	240	3000円
\multicolumn{6}{c}{**地盤工学分野**}
C-2	(第6回)	地盤力学	中野正樹著	192	2400円
C-3	(第2回)	地盤工学	髙橋章浩著	222	2800円
C-4		環境地盤工学	勝見・乾共著		
\multicolumn{6}{c}{**水工・水理学分野**}
D-1	(第11回)	水理学	竹原幸生著	204	2600円
D-2	(第5回)	水文学	風間聡著	176	2200円
D-3	(第18回)	河川工学	竹林洋史著	200	2500円
D-4	(第14回)	沿岸域工学	川崎浩司著	218	2800円
\multicolumn{6}{c}{**土木計画学・交通工学分野**}
E-1	(第17回)	土木計画学	奥村誠著	204	2600円
E-2	(第20回)	都市・地域計画学	谷下雅義著	236	2700円
E-3	(第22回)	改訂交通計画学	金子・有村・石坂共著	236	3000円
E-5	(第16回)	空間情報学	須﨑・畑山共著	236	3000円
E-6	(第1回)	プロジェクトマネジメント	大津宏康著	186	2400円
E-7	(第15回)	公共事業評価のための経済学	石倉・横松共著	238	2900円
\multicolumn{6}{c}{**環境システム分野**}
F-1	(第23回)	水環境工学	長岡裕著	232	3000円
F-2	(第8回)	大気環境工学	川上智規著	188	2400円
F-3		環境生態学	西村・山田・中野共著		

定価は本体価格+税です。
定価は変更されることがありますのでご了承下さい。

図書目録進呈◆

土木系 大学講義シリーズ

（各巻A5判，欠番は品切または未発行です）

■編集委員長　伊藤　學
■編集委員　青木徹彦・今井五郎・内山久雄・西谷隆亘
　　　　　　榛沢芳雄・茂庭竹生・山﨑　淳

配本順			頁	本体
2.（4回）	土木応用数学	北田俊行著	236	2700円
3.（27回）	測量学	内山久雄著	206	2700円
4.（21回）	地盤地質学	今井・福江・足立共著	186	2500円
5.（3回）	構造力学	青木徹彦著	340	3300円
6.（6回）	水理学	鮏川登著	256	2900円
7.（23回）	土質力学	日下部治著	280	3300円
8.（19回）	土木材料学（改訂版）	三浦尚著	224	2800円
13.（7回）	海岸工学	服部昌太郎著	244	2500円
14.（25回）	改訂 上下水道工学	茂庭竹生著	240	2900円
15.（11回）	地盤工学	海野・垂水編著	250	2800円
17.（31回）	都市計画（五版）	新谷・髙橋・岸井・大沢共著	200	2600円
18.（24回）	新版 橋梁工学（増補）	泉・近藤共著	324	3800円
20.（9回）	エネルギー施設工学	狩野・石井共著	164	1800円
21.（15回）	建設マネジメント	馬場敬三著	230	2800円
22.（29回）	応用振動学（改訂版）	山田・米田共著	202	2700円

定価は本体価格+税です。
定価は変更されることがありますのでご了承下さい。

図書目録進呈◆

環境・都市システム系教科書シリーズ

（各巻A5判，欠番は品切です）

■編集委員長　澤　孝平
■幹　　　事　角田　忍
■編集委員　荻野　弘・奥村充司・川合　茂
　　　　　　嵯峨　晃・西澤辰男

配本順				頁	本体
1.	(16回)	シビルエンジニアリングの第一歩	澤　孝平・嵯峨　晃 川合　茂・角田　忍 荻野　弘・奥村充司　共著 西澤辰男	176	2300円
2.	(1回)	コンクリート構造	角田　忍 竹村和夫　共著	186	2200円
3.	(2回)	土質工学	赤木知之・吉村優治 上　俊二・小堀慈久　共著 伊東　孝	238	2800円
4.	(3回)	構造力学Ⅰ	嵯峨　晃・武田八郎 原　隆・勇　秀憲　共著	244	3000円
5.	(7回)	構造力学Ⅱ	嵯峨　晃・武田八郎 原　隆・勇　秀憲　共著	192	2300円
6.	(4回)	河川工学	川合　茂・和田　清 神田佳一・鈴木正人　共著	208	2500円
7.	(5回)	水理学	日下部重幸・檀　和秀 湯城豊勝　共著	200	2600円
8.	(6回)	建設材料	中嶋清実・角田　忍 菅原　隆　共著	190	2300円
9.	(8回)	海岸工学	平山秀夫・辻本剛三 島田富美男・本田尚正　共著	204	2500円
10.	(24回)	施工管理学（改訂版）	友久誠司・竹下治之 江口忠臣　共著	240	2900円
11.	(21回)	改訂測量学Ⅰ	堤　　隆　著	224	2800円
12.	(22回)	改訂測量学Ⅱ	岡林　巧・堤　　隆 山ална貴浩・田中龍児　共著	208	2600円
16.	(15回)	都市計画	平田登基男・亀野辰三 宮腰和弘・武井幸久　共著 内田一平	204	2500円
17.	(17回)	環境衛生工学	奥村充司 大久保孝樹　共著	238	3000円
18.	(18回)	交通システム工学	大橋健一・栁澤吉保 高岸節夫・佐々木恵一 日野　智・折田仁典　共著 宮腰和弘・西澤辰男	224	2800円
19.	(19回)	建設システム計画	大橋健一・荻野　弘 西澤辰男・栁澤吉保 鈴木正人・伊藤　雅　共著 野田宏治・石内鉄平	240	3000円
20.	(20回)	防災工学	渕田邦彦・疋田　誠 檀　和秀・吉村優治　共著 塩野計司	240	3000円
21.	(23回)	環境生態工学	宇野宏司 渡部守義　共著	230	2900円

定価は本体価格＋税です。
定価は変更されることがありますのでご了承下さい。

図書目録進呈◆